モヤモヤがガソリンになる ひとりリセット旅のススメ

バイクで日本一周を
達成したYouTuber
こつぶ

Melancholy is a driving force
Recommendations for
SOLO RESET
JOURNEY

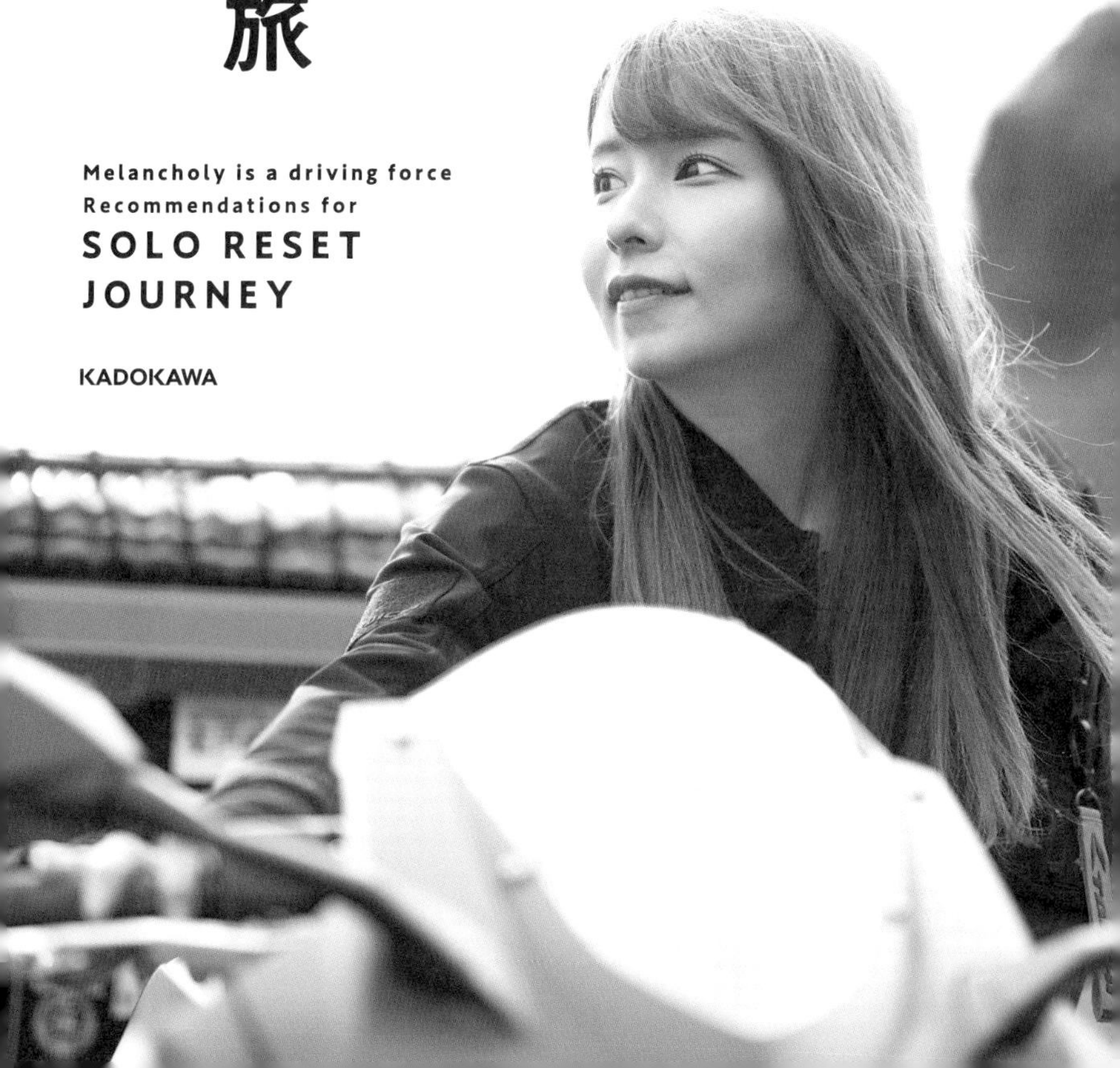

KADOKAWA

愛車紹介 1

旅する
こつぶの相棒。
クールなデザインも
カッコいいでしょ?

HONDA CBR250RR 2020年型

型式:2BK-MC51／全長×全幅×全高(mm):2,065×725×1,095／軸距(mm):1,390／最低地上高(mm):145／シート高(mm):790／車両重量(kg):168／乗車定員(人):2／エンジン型式・種類:MC51E・水冷 4ストローク DOHC 4バルブ 直列2気筒／総排気量(cm^3):249／最高出力(kW[PS]/rpm):30[41]/13,000／最大トルク(N・m[kgf・m]/rpm):25[2.5]/11,000／燃料タンク容量(L):14／タイヤ前:110/70R17M/C 54H／後:140/70R17M/C 66H

ロングライディングの友は、ルックスも抜群のCBR

145cmの私が安全に乗るための工夫あれこれ!

足着きの工夫はシートにあり!

安心してバイクに乗るために私が重要視しているのは、足が地面にきちんと着くこと。そこで、シートのあんこ(スポンジ)を抜いてシート高を低くし、さらに両サイドをシェイプさせました。足着きが格段に変わります。

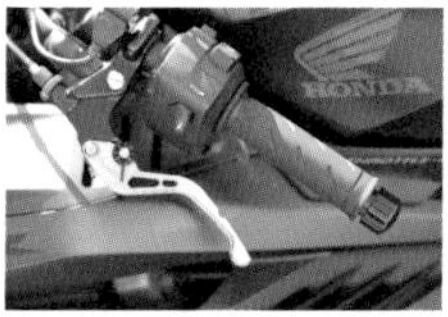

小さい手に合うカスタムレバー

転んだときによく壊してしまうのが、クラッチレバー。通常タイプだと倒れたときに折れたり曲がったりしてしまいます。そこでショートタイプに変更。軽いし、ダイヤルで角度も変えられるのでめちゃ使いやすいですよ。

荷物は安全におしゃれに積もう

以前はキャリアを付け、コンテナ2段組みにしていましたが安定性と安全性を考え、キャリアは外してコンテナを1段にし、サイドバッグを付けました。左側のバッグの荷物を少し重めにすると、立ちゴケ防止に一役買います。

旅に欠かせない「ナビ」と「インカム」はスマホを利用。USBポートを使って充電しながらナビが見られるタイプのスマホホルダーは、とっても便利です。

愛車紹介

2

HONDA スーパーカブ110 2011年型

小物にも思いきり こだわりたい バイクなのです

型式：EBJ-JA07／全長×全幅×全高（mm）：1,830×710×1,040／軸距（mm）：1,190／最低地上高（mm）：140／シート高（mm）：735／車両重量（kg）：93／乗車定員（人）：2／エンジン型式・種類：JA07E・空冷4ストロークOHC単気筒／総排気量（cm^3）：109／最高出力（kW[PS]/rpm）：6.0[8.2]／7,500／最大トルク（N・m[kgf・m]/rpm）：8.4[0.86]／5,500／燃料タンク容量（L）：4.3／タイヤ：前2.25-17 33L／後：2.50-17 43L

カブヌシTシャツに、ランドセル。カブは楽しいアイテムがいっぱい

おしゃれで、いろんな場所に行ける機動力が魅力

ブロックタイヤで 機動力アップ

スーパーカブの魅力はCBR250よりも機動力があるところ。さらにちょっとした悪路でも入っていけるようにブロックタイヤにチェンジしました。それまでためらっていた場所も走れるようになり、旅の幅が広がりました。

カブマニアに 人気のランドセル

ちょっと昭和的イメージのあるスーパーカブは、レトロなおしゃれグッズが似合うバイク。カブマニアに人気なのが、実はランドセルです。私も知人が付けているのを見てメルカリで購入（笑）。トランクは革張りです。

安全に、 そしておしゃれに！

安全のためにプロテクターは重要！ミニマムでもニーパッドは必須です。でもおしゃれ性もほしい、というときは「MaxFritz」のパンツがおすすめです。ファスナーを開け、ニーパッドを入れられるスグレモノ。

愛車紹介

3

旅するたびに小さい
バイクがほしくなり、
たどり着いた
1台です

HONDA モンキー リミテッド 2011年型

クラシカルなデザインと、抜群の取り回しが魅力

型式：JBH-AB27／全長×全幅×全高（mm）：1,365×600×850／軸距（mm）：895／最低地上高（mm）；145／シート高（mm）：660／車両重量（kg）：68／乗車定員（人）：1／エンジン型式・種類：AB28E・空冷 4ストローク OHC単気筒／総排気量（cm³）：49／最高出力（kW[PS]/rpm）：2.5[3.4]/8,500／最大トルク（N・m[kgf・m]/rpm）：3.4[0.35]/5,000／燃料タンク容量（L）：4.3／タイヤ前：3.50-8 35J／後：3.50-8 35J

こだわりの小物をそろえて、気分を上げます！

ファッション性抜群のリミテッドデザイン

この「モンキー リミテッド」は、ブラック基調のクラシックなデザインが魅力で即買いしました。黒ベースにワンポイントのロゴ、タータンチェック柄のシートがすごく可愛くて一目ボレ！小型ならではの機動性も魅力です。

ヘルメットとグローブもクラシックに

モンキーのイメージに合わせて、ヘルメットは Silex SOREL のジェットヘルに、グローブも革製をチョイス。バイクの雰囲気に合わせて小物を選ぶのもすごく楽しい。この２つはスーパーカブにもぴったり！

バイクの大きさに合ったトランク

服装に合わせてバッグを選ぶように、トランクも選びたい。革張りのトランクはレトロなカブやモンキーにぴったり。ただし車体に合った大きさでないと安全性が確保できないので、モンキーには小型トランクをチョイス。

愛車紹介

4

ぐっすり眠れる
ベッドがある、
最高のベースキャンプ
です

TOYOTA ハイエース

スーパーGL ダークプライムⅡ　ディーゼル　2WD　2022年型

プライバシー保護ばっちりの新拠点！快適に寝られるオアシスです

全長×全幅×全高(㎜)：4,840×1,880×2,105
燃費：WLTCモード：11.7〜8.8km/L
　　JC08モード：12.8〜9.6km/L
排気量：2.754L

旅の新拠点となる工夫いろいろ！

安眠できる作り付けベッド

N-VANで旅していたとき、広々と休める車がほしいと思っていた私が手に入れたハイエース。ベッドは作り付けで広々。どんなにバイクで走って疲れて帰ってきてもバタンキューって眠れちゃうし、何より寝心地抜群！

相棒のモンキーは2列目に！

ハイエースの2列目座席を外してモンキーを搭載。モンキーは旅先で離島などに行くときにフェリー代が安い！という大きなメリットがあるため、2周目の日本一周の相方に選びました。すっぽり2列目にハマる姿がかわゆい！

夏の暑さ対策に蚊帳を搭載

車のキャンプ旅での夏対策は重要です。今回、風通しをよくするために大判の蚊帳をサイドドア内側に取り付けました。ドア全開にして蚊帳を下ろせば風通しが抜群です。コンパクトに巻き上げられるスグレモノ。

愛車紹介

5

スーパーカブと
同じ色調のボディー
がお気に入り！

HONDA N-VAN

+STYLE FUN
ガソリン　2WD　2021年型

全長×全幅×全高(㎜):3,395×1,475×1,945
燃費:WLTCモード: 19.2km/L
　　JC08モード: 23.8km/L
排気量:0.658L

手軽で頼もしくて楽しい、私の旅の原点

いろいろな工夫で、使い勝手抜群

シンプルだけど便利なベッド

運転席を少し倒してヘッドレストを外し、簡易ベッドをセットできる仕様。スリムなベッドの横にバイクを積み込めるので、寝ている間も愛車と一緒にいられるのが嬉しい。小さいけれどひとり旅には十分なベッドです。

バイクを運搬するために床強化

N-VAN のフラットな床に耐荷重の高いフローリング材を敷き、バイクを運搬できるようにしました。ベッドなしの状態にして、リアドアを跳ね上げてラダーを架ければ私でもバイクの積み込みができるんですよ。

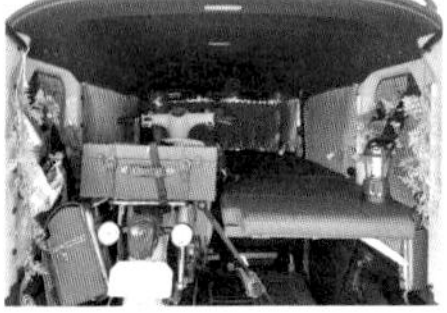

360 度のカーテンは何かと便利！

コンパクトながらベッドがあるので、車中泊が可能。そんなときに便利なのが、なんといっても 360 度のカーテンです。ぐるりとカーテンをかければバイクと一緒に安眠モード。リアには有孔ボードを張って小物を飾っています。

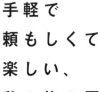

はじめに

お気に入りのバイクと一緒に日本の絶景を見てまわりたい――。

２０２０年、〝人生最後の夏休み〟のつもりで出かけたはずの日本一周旅でしたが、一時中断中にＹｏｕＴｕｂｅを始めたことで、夏休みは延長。二周目も終え、さらには移住地を探しながら、海外旅に挑戦するまで続くとは、バイク旅を決意した頃の私は想像もしていませんでした。

そして、時には自分がちっぽけに思えるような広大な自然に触れ、時には地元の人たちとの交流に花を咲かせるなかで、バイク旅はただの旅行ではなくなり、私の生き方そのものを大きく変えてくれました。今ももちろん、バイク旅は私にとって癒やしの源であり、リセットをかける場でもあります。

本書は私、こつぶの初の著書です。ひとりバイク旅で日本一周

を達成し、そして現在も旅を続けるなかで経験したこと、感じたこと、学んだこと、そして出会ってきた数多くの仲間や恩人の存在、絶景ポイントの一端を、本書を手にとっていただいたみなさんと共有できればと思っています。なかなか情報収集が難しい、バイク旅の心得なども私なりにまとめていますので、参考にしてもらえることもあるのではないかと思います。

　バイク旅やツーリングが好きな人も、単純に旅が好きな人も、そしてこれまではあまり旅に出ることがなかったという人も、私の体験が日常を飛び出し、遠くへ出かけてみるキッカケになったらうれしいです。

こつぶ

Melancholy is a driving force
Recommendations for
SOLO RESET JOURNEY

CONTENTS
［目次］

愛車紹介 5
はじめに 10

Chapter 1 人生の操縦士は私

セーラー服でハーレーニケツが原体験 18
振り袖資金を頭金にエストレヤを買ったハタチの記憶 22
納車式からのナイトツーリング 26
あきらめられなかった北海道ひとり旅を決意 30
のちの人生を変えるひとり北海道一周旅 34
就職するも、あきらめきれない日本一周へのあこがれ 38
念願の日本一周 Googleマップ上はピンだらけ 42
越冬中断中に始めたYouTubeで〝人生最後の夏休み〟延長！ 46
大好きな旅を仕事にするバイクYouTuber こつぶ誕生 50
ロボットアニメ好きが高じてCBR250RRを相棒に選ぶ 54

Chapter 2 予定は未定、しばしば変更あり

旅人必見！ いざというときのライフハック 60

気候はアンコントロール
旅の半分は雨で動けないと思え 64

バイク旅を楽しむコツは
最初からハードルを上げすぎないこと 68

キャンプ泊の夜は怖い野生動物の存在 72

お酒はコミュニケーションのきっかけになる 76

〝地物の宝庫〟道の駅で自炊を楽しむ 80

全国各地の温泉を楽しむ
野湯はハードルが高いけれど優勝 84

Chapter 3 ハプニングも旅を楽しむエッセンス

食文化の違いに衝撃を受けたことも
その後の旅の教訓になる 90

旅人が知っておくとよい
宿選びのポイント 94

アリ1匹に怯えていた私が、虫に慣れ、
キャンプ泊を楽しめるようになるまで 98

唯一、意地を見せ、
執念の末にたどり着いた福井県のご当地グルメ 102

危機一髪のピンチを助けてくれたのは
谷底から現れたハンマー使いのおじいさん 106

Chapter 4

何度でもリピートしたい日本の絶景

ライダーの裏スポット 琵琶湖畔の〝あのベンチ〟 112
見る角度によって景色が変わる 伯耆富士・大山の魅力 116
島すべてが絶景 日本最北の離島・礼文島 120
海・放牧地・牛のコントラストは最高！ ただし、フンと強風には要注意 124
ピーク時には山全体が赤や黄に染まる 東北随一のツーリングスポット 128
〝幻の橋〟タウシュベツ川橋梁は たどり着くまでが超大変 132

丘や道が隠れた名スポット
ラベンダーの美しい富良野の旅は
7月がオススメ 136

波打ち際をバイクで疾走
世界でも貴重な砂浜のドライブウェイ 140

アニメの聖地巡礼で長期滞在
富士山はやっぱり日本一の山だった 144

究極の絶景は山を登った先にある 148

旅人は「端」を目指したがる
日本本土四極踏破証明書 152

沖縄の離島で最南端&最西端を制覇！
異なる魅力をもつ島 156

こつぶの地元・鹿児島のツーリングルートは
今も日常的に噴火を続ける桜島一周 160

バイク乗りの心をくすぐる
forライダーのイベント&お祭り 164

Chapter 5 人間どこでも生きていける

1度訪れた場所が私のホームになる 170

おかわり旅で変わった現地の人とのふれあい方 174

旅をしながら働く
夢は北海道でじゃがいも収穫バイト 178

次の舞台は海外
数々の名峰がそびえ立つインドが最終目標 182

バイク旅は移住先探し 186

COLUMN 「こつぶの絶景ハンティング」

❶雪山でスノーバイク 58

❷奈良で神の使いと戯れる 88

❸花畑でエモい撮影会 110

❹田んぼアートに心を奪われる 168

おわりに 190

協力／滑川弘樹、﨑山貴文［株式会社 AS］

装丁／菊池祐

装画／姫野はやみ

写真／鍋田広一［パンフィールド］、こつぶ

DTP／ユニオンワークス

校閲／Verita

編集／森永祐子、花田泉　佐々木健太朗［KADOKAWA］

Chapter 1

人生の操縦士は私

ちょっと不謹慎ですが、もしも「余命半年」と宣告されたら……。
なんとなく進学してとりあえず就職して、
流されて生きていると感じたときに自問自答しました。
私が"最後にしたいこと"は「ひとり旅」でした。
時間は有限、明日は何が起こるかわからない、
ならば先に達成しておきたい！
そんなことを思って、私はハンドルを握りアクセルを開けました。

KOTSUBU SOLO RESET JOURNEY 001

セーラー服で ハーレーニケツが原体験

私がバイクに乗り始めたのは、福岡での大学時代。仲の良かったサークル仲間が、バイクの免許取得のために次々と教習所に通い始めたのがキッカケでした。

バイク熱たっぷりの友人たちに付き合って、一緒にバイク雑誌を眺めたり、お店へ行って「これがいい」「あれがいい」と話したりしているうちに、さほどバイクに興味のなかった私にも、だんだん「なんかカッコいいかも!」という思いが芽生えてきました。

それに、自分も免許を取ってバイクに乗れるようになれば、気の置けない友人たちと一緒にツーリングへ出かけることもできます。

思い立ったが吉日! 私はノリと勢いで教習所の門を叩きました。

ただ、今思うと、バイクに興味をもつようになった根底には、家族との思い出が深く関係しているような気がしています。私には年の離れた兄がいるのですが、兄が学生時代から大きなバイクに乗っていたのです。

私が中学に上がる頃には、兄は大学に進学し、上京していました。

あるとき、私が部活の大会で初めて東京へ行くことになり、そのことを電話で伝えると、「空き時間があるなら、お兄ちゃんが観光案内するぞ！」と兄。そして上京した私を、ハーレーに乗った兄が、やはりバイクに乗った友達と一緒に迎えに来てくれたのです。

「空き時間っていっても、3時間くらいしかないんだよね」と言うと、兄は**セーラー服姿の私をそのままハーレーの後ろに乗せ、東京タワー周辺やお台場をまわってくれました。**

バイクに乗ったのはこのときが初めてでしたが、不思議と怖いとか恥ずかしいとかといった気持ちはまったくなくて、とても楽しかったことを覚えています。過去にそうした実体験をしていたからこそ、周囲の友人のバイク熱に私もすっかりのまれてしまったのではないかと思います。

自動車の免許をすでに取得していたので、教習所通いは2度目。もちろんバイク教習の光景を目にしたこともあったのですが、難しそうなコースを走っていましたし、何より教習生たちが大きな教習用バイクを引き起こしているのを見て、とても大変そうだなという印象をもっていました。

中型免許（普通自動二輪免許）取得を目指して、いざ教習所に通い始めたものの、免許取得までの道のりはとにかくしんどかったというのが本音です。

そもそも自動車の免許を取ったのは、車に興味があったからとか、車の運転がしたかったからというわけでもありません。私が暮らしていたのが、いわゆる〝クルマ社会〟の地方で、単純に生活のために必要だったから。車を運転することに楽しみを見いだそうなどという気持ちはまったくもって皆無だったので、免許は迷うことなくAT限定。マニュアルトランスミッションやギアチェンジといった言葉を耳にしてもピンとこないような状態でした。

そんな私ですから、「バイクに乗りたい」という一心で入校したものの、とにかくヘタ！　**身長145センチの私にとって、約200キロもある教習用バイクを操縦することは大きなハードル**でした。

教習中、1日に2〜3回はバイクをこかしてしまい、ミラーを折ったりパーツを破損させたりすることもしばしば……。教習所の先生に、「**あなたが来ると、教習所の入校費用より高くつきそう**」とチクリと言われたこともありました。

そんな調子でしたから、実は途中で一度、「私には無理だ」と心が折れてしまって、まったく通わなくなってしまった時期もありました。

それでもやっぱりあきらめきれず、教習所通いを再開させたのは、颯爽とバイクに乗る友達が眩しく映ったこともありますが、もっと大きな理由があります。

それは、友達のバイク選びに付き合うなかで、「これだ！」という1台に出合ってしまったから。

そしてあろうことか、私は免許を取得できるかどうかもわからないのに、フライングで契約を交わしてしまったのです。——つづく。

KOTSUBU SOLO RESET JOURNEY 002

振り袖資金を頭金にエストレヤを買ったハタチの記憶

　私がひとめぼれしてしまったバイクというのは、KAWASAKIのエストレヤです。クラシック系の見た目はもちろんですが、エンジンの音を聞かせてもらったときに、「わっ、いい！」となりました。

　しかも、私が友達と行ったバイクショップ・レッドバロンはこのとき、免許取得応援キャンペーンを展開していました。それは、**二輪免許を取得する前にバイク購入の契約をすると、その一部がキャッシュバックされる**というもの。学生でお金がなかったため、このキャンペーンもまた私の心を大きく揺り動かしました。

　あまりのつらさに教習所通いをやめてしまっていたことで、実は教習期限も迫っていました。「いい加減、免許を取らないと」と思っていたときでもあったので、教習所の費用をムダにしてしまわないためにも、先にバイクの契約をすることで、免許を取らざるを得ない状況に自分自身を追い込んだところもありました。

そして私は、免許よりも先に、勢いでエストレヤを契約してしまったのでした。


バイクを契約してから3カ月以内に二輪免許を取得することがキャッシュバックの条件でもあったので、なおさらモチベーションは上がり、教習所通いを再開した後はこれまでとは打って変わって真面目に通いました。

教習で使うのは、HONDAのCB400SUPER FOURの教習車専用仕様がスタンダードです。私の体格からするととても大きく、おしりをシートからずらしてようやく片方のつま先が着くような状態で乗っていました。その姿はきっと、巨大なマシンに私が乗っているというよりは、乗せられてしがみついているように見えたのではないかと思います。それでも補習になることはなく、教習はスムーズに進みました。

そして迎えた卒業検定(卒検)。緊張しながらも乗り込み確認を終えて、さあ出発というときに事件は起こりました。

……プスン。

なんと、**しょっぱなからエンストしてしまった**のです。それも2回。最後まで走り切ったものの、自分がどんな運転をしたのかも思い出せないほどに動揺していたのは確かで、同じ日に卒検を受ける人たちの私をなぐさめるような、なんともいえない視線に「絶対落ちたわ」と思いました。

ところが、**100点満点中70点以上で合格のところ、結果は70点**。本当にギリギリでしたが、どうにかストレートで合格することができたのでした。絶対に落ちたと思っていたので、「もしかして、私みたいな問題児は早く卒業させてしまおうという魂胆なのでは……」と疑ってしまいました（普通に考えたら、問題児を世に放つことはしないですよね）。

ただでさえキャッシュバックをしてもらえるギリギリのタイミングなのに、もし不合格だったら再受検料も必要になっていました。今振り返っても、本当に綱渡り状態のなか、エストレヤに乗りたいという思いだけで、念願の普通二輪免許を取得することができました。

バイクの購入資金は頑張って貯めようと決めていましたが、中古とはいえ、当時の価格は約30万円。そのうちの半分ほどはアルバイトで貯めることができたのですが、残りの半分はどうしても間に合いそうにありませんでした。

そんなときに、救世主が現れました。

ちょうど成人式のタイミングだったこともあり、かつて私をハーレーに乗せてくれた、年の離れた私の兄が「これで振り袖を買いな」と、けっこう大きな額を振り込んでくれたのです。そして「**余ったお金は学生生活に有意義なことに使うんだぞ**」と言われました。

学生生活に有意義なことって、なんだろう……と考えたのですが、私の学生生活がとても充実したものになるとしたら、それはエストレヤを私のファーストバイクにすることだという結論に至り、その購入資金に充てたのでした。

ここでしれっと告白してしまいましたが、実は、このことを兄はまだ知りません。ごめんんね、兄ちゃん！

レッドバロンで30万円で購入したエストレヤ

KOTSUBU
SOLO RESET JOURNEY
003

納車式からのナイトツーリング

普通自動二輪免許を取得し、無事にキャッシュバックキャンペーンの恩恵を受けエストレヤを手に入れ、迎えた納車の日。

私はバイクショップに引き取りに行くのではなく、希望する場所への納車をお願いしました。なぜならバイクショップの店員さんに、バイクを受け取りに来たときに、店舗の敷地を出てすぐに立ちゴケする人がけっこう多いと聞いていたからです。

かといって自宅に納車してもらっても、ひとりで運転するのは不安。というか、絶対に無理。そこで私が**納車場所に選んだのが、自宅ではなく通っていた大学**でした。友達とエストレヤをお迎えすれば、初運転も安心してできるだろうというわけです。

初運転に対する不安を伝えていたからだと思いますが、快く大学に納車してくれたバイクショップの店員さんはとても優しくて、「ちょっと運転してみましょうか」と大学の駐輪場で運転の練習にも付き合ってくれました。納車に立ち会ってくれた友達4〜5人と店員さんに見守られながら駐輪場をグルグルとまわることで、少しずつ不安が解消されていき、運転にも慣れていきました。

納車の場に立ち会うことを面白がってくれた友達が、みんなバイクで大学に通っていたので、バイク歓迎パーティーとして、納車されたら走りに行くぞ!という話になっていました。ひとりで運転するのは不安でも、みんなと一緒なら大丈夫だろうとワクワクしていた私は、友達の間に挟んでもらって、**納車当日にツーリングデビュー**も果たしました。行き先は、大学から比較的近い場所にある人気の絶景スポットです。

さほど難しいコースではないのですが、卒検でもエンストしてしまった私ですから、免許を取得したものの、いまだに〝半クラ〟の方法や発進の感覚がイマイチつかめていませんでした。しかも、私が購入したエストレヤは250ccで立ち上がりのパワーがあまりなく、教習車とは感覚がまったく違いました。

案の定、ツーリング中に何度もエンストを起こし、かろうじて発進しても、友達が心配になるほどふかしまくってしまいました。

そしてツーリング中にもかかわらず、教習所で学んだはずの半クラの挙動を友達に教えてもらってコツをつかみ、3時間の初ツーリングを無事走破したのでした。

大学の授業が終わってからの出発だったので、**初ツーリングにしてナイトツーリングデビュー**までしてしまいましたが、夜は交通量が少ないので、私にとっては夜間に運転することはさほど不安ではなかったです。

それよりも、街なかの交通量が多い場所を走るほうが怖くて、なかなか慣れることができませんでした。自宅から約3キロの場所にあるバイト先へ、バイクに乗ってひとりで通えるようになるまでは、納車してから半年もかかりました。

バイクに乗り始めた当初は、怖いのが6、楽しいのが4くらいの感覚で、怖い気持ちのほうが少し勝っていたのですが、それでも友達と一緒に走れることがうれしくて、バイクに乗るのをやめようとは思いませんでした。

それまでは時間があると「飲みに行くぞ！」だったのが、バイクに乗る仲間が増えたことで、いつの間にか飲みに行く回数は激減。「走りに行くぞ！」ということが増えていたので、その輪に加わっていたかったのもあったと思います。

時間があればツーリングに出かけたことで、運転にも徐々に慣れていきました。そして、長期休みになると予定を合わせてバイク旅にも出かけるようになりました。

私にとって、最初の長期ツーリングは1週間かけて行った九州一周でした。この経験は、運転への自信を深める大きなキッカケにもなりました。実はこの旅、最初から九州一周と決まっていたわけではありません。最初は、夏休みだしバイクで1週間くらいかけて旅行へ出かけようという話から始まりました。ところが計画を立てていくなかで、せっかくなら帰省をかねてみんなの実家に寄るのはどう?ということに。そのときにみんなの実家が九州各地に散らばっていることが発覚して、「**これ、九州一周できるじゃん!**」と、まさにノリで決まったのでした。

学生なのでできるだけ節約したいということで、宿泊先に選んだのがライダーハウス（バイクや自転車などの二輪で旅をする旅行者を主な対象とした、比較的簡易な宿泊施設）やゲストハウス（個室以外に二段ベッドなどが設置された相部屋があり、お風呂やトイレが共用の宿泊施設）。このときの経験が、その後のひとり旅の宿選びでも、とても役に立ちました。

学生時代に5人で九州一周のツーリングへ

KOTSUBU
SOLO RESET JOURNEY
004

あきらめられなかった北海道ひとり旅を決意

長期休みになると友達と一緒にバイク旅に出かけ、九州を一周した後も、四国一周をしたり、中国地方へ出かけたりして、学生のうちに西日本側はひと通り巡って迎えた最後の夏休み。

春になって就職したら、みんなで休みを合わせるどころか、長期休暇をとることさえ難しくなってしまうかもしれません。私は「**これがみんなで行ける最後の旅になるかもしれない**」と、これまで行ったことのなかった東日本側、それも本州を一気に飛び越えて、ライダーの聖地といわれる北海道を目的地にしたいと強く思っていました。

いつもノリがよい仲間のことなので、今回も「いいよ！」「そうしよう！」と言ってくれると思っていたのですが、返ってきたのは「お金がない」「バイトが入っているから」「北海道はさすがに無理でしょ」など、私が期待したものとは真逆の反応でした。

初めてバイク旅に対する熱量の差を突きつけられた気がして、少なからずショックを受けたのを覚えています。

これまで、ツーリングに出かけるときは必ず友達が一緒でした。だからこそ安心してバイクに乗れていましたし、旅を楽しめていました。以前の私なら、きっとここであきらめていたと思います。でも、このときだけはどうしても北海道行きをあきらめることができませんでした。

なぜなら、私は心のどこかで、**就職したらこんなに長くバイクに乗ることはないだろうと思っていたから**です。もっといえば「これが最後の長期バイク旅になる」と勝手に決めつけていたところさえありました。

また、私は学生の頃から写真を撮るのが好きで、普段から写真家さんが撮影したものや、SNSにアップされている絶景の写真をよく見ていました。そのなかで北海道には絶景スポットがたくさんあることを知ったのも、行きたいと強く思った理由のひとつでした。

この機会を逃したら私は絶対に後悔するという思いは、北海道に思いを巡らせれば巡らせるほど強くなっていきました。友達にも「本当に行かない?」「最後の夏休みだよ?」と何度も聞きましたが、残念ながら誰ひとりとして気が変わることはありませんでした。そして「**みんなの意見に流されてあきらめるのは納得できないし、絶対に後悔する。このままじゃダメだ**」と、私はひとりで行くことを決めました。

不安はまったくなかったといえばウソになりますが、運転自体には慣れてきつつありましたし、実は九州一周よりも前に、思いがけず〝ひとりツーリング〟をするハメになってしまった出来事もありました。

それは、山口県の秋吉台へツーリングに行ったときのことです。福岡からは日帰り圏内の場所なのですが、朝から出発するはずが寝坊した子がいて、結局出発が午後になってしまいました。そのときに、帰りの時間が遅くなるということで高速道路を使うことになったのです。私にとってはド緊張の初高速でした。

ところが、車種がバラバラなので出せるスピードも違います。私のエストレヤは年式が少し古かったこともあって、特にスピードが出ませんでした。頑張ってスピードを出そうとするとハンドルがブルブルと振動してしまうので、結局みんなに離されてしまい、後半はひとりで運転しなければならなかったのです。

このときの強制ひとり高速ツーリングがつらすぎて、「もう二度と高速は使わないぞ!」と下道ライダーになることを心に誓ったわけですが、今思うと、**ひとりでもなんとかなるという経験が、背中を押してくれた**部分もあるかもしれません。

それに、みんなで旅に出かけるのは本当に楽しかったのですが、その一方でストレスを感じる場面もありました。4人も5人も仲間がいれば、それぞれに思うことはあるものです。長旅を計画するなかで、友達とはいえ気を遣うこともありましたし、旅の途中でケンカをすることもありました。でも、ひとり旅なら、そのすべてを自分で自由に決めることができます。ひとりで行ってどんなふうに旅を楽しめるか、確かめてみるのもいいなと思えたのもありました。

こうして初のひとり旅を決意してからは、不安や心配よりもむしろワクワクする気持ちが強くなり、楽しみしかありませんでした。それはきっと、これが人生最後のバイク旅になるという気持ちだったから。この先、こんなに自由に休みを謳歌できることはないと思うと怖いものは何もない、まさに無敵状態でした。

ちなみに、CBR250RRに乗り換えた後もしばらくは、徹底して下道を走っていた私ですが、ある日、やむを得ず高速道路に乗ったところ、なんの問題もなくスピードが出せることを知りました。下道ライダーの称号はこっそりと返上しています。

KOTSUBU SOLO RESET JOURNEY 005

のちの人生を変える ひとり北海道一周旅

北海道ツーリングを提案して断られた後も、ズルズルと交渉を続けていたため、最終的にひとり旅を決意したのは、出発する1週間前のことでした。1日だけバイトのシフトを変わってもらえたら2週間は旅に使えるというタイミングが、ここしかなかったのです。余談ですが、バイトのシフトを変わってもらったのは、北海道ツーリングに行けないと言ったツーリング仲間のひとりでした（笑）。

あわてて出発の準備をしたのですが、私のポンコツぶりがいかんなく発揮されてしまいました。北海道へ渡るのに北九州～大阪、京都～小樽と2つのフェリーを乗り継いで行ったのですが、なんと北九州発のフェリーを間違えて別の日に予約してしまっていたのです。

そんなことは知るよしもなく、乗船受付で予約票を見せたら、「**あの……これ、3**

日前の便ですけど……」とスタッフさん。念願の北海道旅は、福岡の地を出るまでもなく終わったと思いました。

実はこのとき、フェリー乗り場に友達が見送りに来てくれていました。「行ってくるね〜！」と意気揚々と受付に向かったはずなのに、「乗船日間違えた……」とすごすご引き返してくる私を見て、みんな爆笑していました。

けれども、ここまで来てあきらめるわけにはいきません。確認すると、当日の乗船が可能ということだったので、もう一度料金を払って、無事大阪行きのフェリーに乗船することができました。そのフェリー会社はライダーにお得なプランも設定していて、1万2000円ほどで済んだのは不幸中の幸いでした（そう思うしかない）。

悪いことがあればいいこともあるもので、**京都で乗り換えた小樽行きのフェリーでは、やはり北海道へツーリングに行くという大学生4人の友達ができました。**慣れないフェリーの振動で眠れそうになかったため、乗船してすぐにお酒を買ってロビーで飲んでいたのですが、ふと周囲に目をやると、同じようにお酒を片手に北海道のツーリングマップを開いている人がちらほら。ほろ酔いで気が大きくなっていた私は、思いきって声をかけました。

同じ目的を持った人同士だから話が尽きることはありません。気がつけば小樽に着いていました。下船時には旅の無事を祈りながら記念撮影をして別れました。ライダー仲間との出会いで最初の大失敗はどこかへ吹き飛び、希望に満ちあふれた状態でツーリングをスタートすることができました。

旅の期間は2週間。初めてということもあり、行きたい場所をピックアップして綿密なプランを立てました。今となっては旅慣れしてしまった私ですが、**初めての北海道は、なんでもないところもすべてが新鮮で、「○○でこんな人に会った」「○○のこの景色がすごくよかった」などと、毎日のように日記も書いていました。**

ただし、バイク旅はどうしても天候に左右されてしまう部分があるので、宿泊先に関してはある程度天気が確定し、予定通りにいきそうであれば予約するようにしていました。私が宿泊先に予定していたのは、友達とツーリングするなかで知ったライダーハウスやゲストハウス。当時は基本的に予約が不要で、当日に電話で空き状況を確認するのがスタンダードだったので、宿に困ることはありませんでした。

特に北海道は、ライダーの聖地といわれるだけあってライダーハウスが多く、しかも低価格で、旅人にとても優しい。なかには、廃電車を寝られるように改装して、ライダーであれば無料で泊まることができるような場所もありました。あるいは市が提供する無料のログハウスを、ライダーハウスとして運用しているところもありました。北海道ツーリングのピーク期にあたる8月に行ったので、人気の場所はたくさんのライダーや旅人が集まり、みんなで雑魚寝をする光景も珍しくありませんでした。

初めての北海道旅を経て、考え方や習慣はかなり変わりました。というよりは、変えざるを得なかった、というほうが正しいかもしれません。そうしないことには旅を続けることができませんでしたし、一度慣れてしまえば意外に平気だということも、身をもって実感することができました。ふかふかのベッドと枕がなきゃ眠れない！というタイプだった私が、雑魚寝をするまでになりましたからね。

そういう場所では毎夜、みんなでお酒を飲みながら旅の話をするのが当たり前でした。各地を巡りながら日本一周をしているというライダーさんの話を聞いていると、**「こんなふうに人生を生きられるんだな」**と、ここでも大きな衝撃を受けました。

2週間の旅を終え、すっかりその魅力にとりつかれてしまった私。ソロツーリングにも自信をもて、いつか私も全国を旅してみたいと思うようになりました。

KOTSUBU
SOLO RESET JOURNEY
006

就職するも、あきらめきれない日本一周へのあこがれ

初めての北海道ひとり旅で出会ったライダーさんに影響を受けて、日本一周にあこがれるようになりましたが、大学卒業後は普通に就職するつもりでした。ゴールデンウイークやお盆休みを利用して旅を続け、最終的に47都道府県を制覇できればいいと考えていました。

というのも私には、**なんとなく進学して、とりあえずいい会社に就職するのが普通なのだろう**という考えがありました。大学生活を送っていれば、いつかやりたいことが見つかるものだと思っていたのですが、社会に出てやりたいことや興味のある職種というものが見つかることはなく、就職活動の時期を迎えていたのです。

どうしようという不安な気持ちもありながら、一方では「やりたいことじゃなかったとしても、仕事はお給料をもらうためにやるものだと割り切るんだよ。福利厚生が

しっかりしていて、ブラックじゃなければいい。オンとオフを切り替えて、好きなことは休日に思う存分やればいいんだから」と周りに言われ、これもまた「そういうものなんだ」と間に受けて、私はご縁をいただいたある商社の営業職に就職しました。

そもそもやりたいと熱望した仕事ではなかったこともありますが、その会社では、上の人たちがどんな仕事をしているのかよくわかりませんでした。また、日々の会話のなかで不満や愚痴といったネガティブな話題が出てくることも多く、仕方なくこの仕事をしているというような雰囲気が伝わってくることもありました。

それに、私は結婚や出産が、人生においてとても幸せなイベントだと思っていたのですが、「結婚は人生の墓場だ」とか、「子どもが生まれたら自由はなくなる」と話しているのを何度も聞きました。それであるとき、結婚や出産が私の自由を奪うマイナスのイベントなのだとしたら、ひとりで思いのままに過ごせる時間はあとどのくらいあるのかなと、自分の考える一般的な女性の人生設計から逆算してみたのですが、あと4〜5年という衝撃の数字が出てきました。みんなの言う〝普通〟を実行したら、あっという間に年をとってしまう——。そう思ったら「**私に残された自由な時間は限られている。ここで働いている場合じゃない！**」と焦ってしまいました。先輩たちと同じように過ごすことは余命宣告に等しいと受け取ってしまったのです。大袈裟に聞こえるかもしれませんが、そのくらい未来への希望を口にする人がいませんでした。

それなら自分がやりたいことを、残された4~5年のうちにやってしまおうと思いました。そう考えたときに、私が心の底からやりたいと思えたのは、大学最後の夏休みに北海道旅で耳にした日本一周旅でした。「**もしあと半年しか生きられないとなったら、あなたは何がしたいですか**」と聞かれたら、日本一周と即答する自信があった私は、まずはそれを実行することにしました。

それも働きながら休みを待って旅に出るのはじれったいし、とてもムダなことのように思えました。それならお金を貯めて期間を決め、1年くらいで一気に実現してしまおうと考えました。やり切ったと思えたなら、会社の先輩方が口にしていた自由のないルートへ戻ろう、と決めたのです。

今、私はYouTuberとして事務所に就職し、二度目の会社員生活を送っていますが、会社員に戻ってみると、当時の先輩たちが話していたことで理解できる部分も多くあります。きっと新卒で入った当時の私には、社会経験が浅いために理解ができず、目に見えたことや聞いたことだけを捉えて焦ってしまったのだと思います。私が会社側の人間だったら、こんな新入社員は絶対に採用したくないと自分でも思います。なんて猪突猛進だったのでしょうか。

それに、最初の社会人生活はとても短いものでしたが、そこでの出会いは決してネガティブなものばかりではありませんでした。確かに文句や愚痴はあったかもしれませんが、それが結果として私の背中を押してくれたところもあるからです。事務員として働いていた女性の先輩に、「結婚したら自分の人生は終わりで、そこから先は誰かに捧げるための人生になっちゃうのよ」と言われたことがありましたが、その先輩は「**だから今のうちに自分のための人生を生きなさい**」とも言ってくれました。

また、「子育てが終わってやっと自由に生きられると思ったら、体調を崩してしまった人もいる。いつまでも健康でいられるとは限らないから、若いときにやっておくべき」と言われたことで、将来の私に託すことはやめようとも思えました。

だから、リスタートを切ったことを後悔はしていません。実際に旅に出てみて、これまでの〝普通〟の考え方や、結婚や出産が自分の自由を奪う絶望の始まりだといった私の考えは、とても視野の狭いもので、世の中には自由のない人や、好きなことややりたいことが仕事にならない人ばかりではないことを、身をもって知りました。

KOTSUBU
SOLO RESET JOURNEY
007

念願の日本一周 Googleマップ上はピンだらけ

自分のやりたいことを若いうちに思いきりやっておくべきだという衝動に駆られた私は、日本一周の旅に出ることを決めました。初めてのバイクを手にしたときもそうでしたが、決めたらすぐ行動に移すタイプの私は、就職した会社で働き続けて貯金をすることもできたのですが、退職を決めました。

そしてそこからは1年半ほど、お金を貯めるためだけの期間として気持ちを完全に切り替え、朝から深夜まで複数のアルバイトを掛け持ちして貯金に徹しました。その先に日本一周という目標がありましたし、**目標額を達成すれば、必ずその生活には終わりがくることがハッキリしていたので、アルバイト漬けの日々も苦しい、つらいと感じることはありませんでした。**

貯金の最低ラインは、日本一周の旅で絶対に必要だろうと思っていた100万円。

このときは日本一周旅を終えたら、また就職することを決めていたので、できれば旅から帰ってきた後は、就職活動をするのに3～4カ月は働かなくても大丈夫なくらいにしておきたいと考え、目標は150万円にしました。最終的には、それまでの貯金も含めて200万円ほど貯めることができました。

旅の資金を稼ぎながら、日本一周のルートやスケジュールなどは少しずつ計画を進めていきました。SNSなどに自分の旅の様子を投稿している人がたくさんいるので、どういうルートでまわっているのかを参考にすることも多かったです。

また、**全国にある絶景ポイントを調べて、ビビッときた場所にはGoogleマップ上にすべてピンを打っていきました。**行ってみたい場所があまりにも多すぎて、マップ上のピンは地図が見えなくなるまで増えましたが、旅に出たら、近いところから順番にまわっていこうと決めました。

なかでも、やっぱり北海道にはもう一度行きたいという思いが強くありました。私にとってはひとり旅の原点ですし、私が生きてきた世界とはまったく違う世界があるんだということを知った場所でもありましたから。それに、初めてのひとり旅で、私はたくさんの旅人の〝先輩〟に出会いました。今度は私もその立場。一度行ったことのある視点で、あらためて北海道を訪れてみたいという思いがありました。

もうひとつ、訪れるのを楽しみにしていたのが青森県です。初めての北海道ひとり旅のときに出会った日本一周中の旅人さんから、**「青森ねぶた祭には絶対に行ったほうがいいよ」**と教えてもらったことがきっかけです。

魅力的だったのは、青森ねぶた祭の期間に合わせて青森市が臨時キャンプ場をオープンしてくれること。しかもキャンプ場の利用料は無料で、利用条件は青森ねぶた祭に参加することです（コロナ禍で休止となっていましたが、２０２３年は４年ぶりに復活）。

そのため、全国からテントを持参したバイク旅や自転車旅のライダーやバックパッカーが集まり、旅人のテント村ができ上がります。そこで全国から来た旅人と仲良くなり、祭りが終わった後にみんなで北海道へ渡って、各地のライダーハウスに知り合いだらけの状態で過ごすそうです。

その話を聞き、青森ねぶた祭には絶対に行こうと決めていたので、その期間に青森県にいるという前提で計画を立てました。**福岡県を出発したら、まずは1カ月ほどかけて日本海側を北上し、ねぶた祭の期間までに青森へ入る。その後、夏は北海道をま**

わり、秋にかけて太平洋側を南下したら、冬までに九州へ戻って九州・沖縄をまわって1年ほどで日本一周を達成と考えました。

でも、実際には計画通りに旅を進めることはできなかったのですが……。

日本中ピンだらけになったGoogleマップ

KOTSUBU
SOLO RESET JOURNEY
008

越冬中断中に始めたYouTubeで〝人生最後の夏休み〟延長！

1年かけて日本一周しようという予定で始めたバイク旅ですが、冬の間はあまりにも寒すぎて、どこを走ってもつらく、節約のための野宿もできないため、12月頃に越冬中断することを決めました。そして、春になるまでの3～4カ月間は旅の追加資金を貯める期間と考え、仕切り直すことにしたのです。

本当は、温暖な沖縄へ行って〝リゾバ〟（リゾートバイト）をしたかったのですが、私の旅の中断と同じタイミングで、世界中で新型コロナウイルス感染症が拡大し始めたため、福岡に戻って過ごすことにしました。新型コロナは旅の再開にも大きく影を落とし、中断は春までのつもりが、夏まで延びてしまうことになりました。

当時はコロナ禍で、交流がまったくなくなっただけでなく、どこへ行っても人目が気になりました。誰かがＳＮＳで旅を再開したと投稿をすれば、「**旅なんかするな！**」

と例外なく叩かれました。私も様子を見ながら再開の機会をうかがっていたのですが、旅行支援（GoToトラベル）が始まったタイミングで旅へ出発しました。

それまでは野宿で耐えたこともありましたが、旅行支援のおかげで、かなりの格安でホテルに泊まることができましたし、移動はバイクで人との接触も少ないので、純粋にひとり旅を楽しむ分には最高だったといえます。一方で、ライダーハウスなどで交流して、いろいろな旅人さんの話を聞くような機会はほぼなくなってしまいました。ただただひとりで旅をするだけになってしまい、やっぱり物足りなさがありました。

YouTubeへの投稿は、中断期間に地元でアルバイトをしているときに始めました。コロナ禍で、いつ自分自身の旅を再開できるのか、まったく目処が立たないなかで思ったのです。「**人生最後の夏休みを思いっきり楽しむぞ！**」**と就職したばかりの会社を辞め、アルバイトを掛け持ちして必死にお金を貯めて、意気揚々と出発したのに、中断して地元に帰ってきて、今、私はただのフリーターをしている。それって、時間の過ごし方としてもったいないんじゃないのか？**と。

なんのために会社をやめたのだろうという焦りと同時に、最初の就職のときにちゃんとやりたいことを探さなかったのがよくなかったのではないかと思いました。そこで中断期間には、旅を終えてまた就職するときのために資格をとろうと、色々なスクールの資料集めをしたり、見学会に参加したりしたこともありました。けれども、やっぱりピンと来ず、興味を持てることには出合えずにいました。

結局自分が飽きずに続けられていること、やりたいと思えているのは旅であり、旅に絡めたSNSでの発信でした。そのため、まずは今の私が続けられていることでマネタイズできるようにしようと考えました。ブログ、記事の寄稿、YouTube。そのなかで、最初に結果が出たのがYouTubeだったのです。

ツーリングやバイク旅の様子を投稿するバイカーさんのYouTubeチャンネルはいろいろありますが、実はまったく見たことがありませんでした。見るようになったのは、旅を中断して、家とアルバイト先を往復する毎日になってからでした。

失礼を承知でいうと、もともと投稿のジャンルを問わずYouTuberという人に対して偏見がありました。見る目が変わったのは、コロナ禍になる少し前に、旅をしながら体験談を記事にして日銭を稼いでいるという女の子に出会ったから。

それまでの私は、女の子が顔出しすることにも、やっぱりあまりいいイメージを持っていませんでした。実際に、バイクに乗る女の子が顔を出すと、「アイドル売りをしているのだろう」と叩かれているケースが少なからずあったのも理由のひとつです。

でも、私が出会った子は、純粋に自分が楽しい旅を続けたいと強く願い、目標があるからやっているんだと道筋をきちんと立てていました。初めてそんな子を間近で見たことで、単純にエンタメとして見るのと、目標に向かって頑張っている人の記録として見るのとでは、世界観がまったく違うことに気づきました。「そういう見方、考え方もあるんだ」と思い、**私もできることは全部やってみよう**と思えたのです。

2019年7月に出発して、12月頃に越冬中断に突入。翌年の7月に旅を再開して12月にはついに日本一周を達成しました。

ただ、旅を終えたときは達成感よりも、まだまだやり残したことがあるという気持ちでいっぱいでした。それは中断期間にYouTubeを始めて、旅の様子を投稿するようになったところでゴールしてしまったから。

それまでは「日本一周を達成したら、旅に出る前の日常に戻るんだ」と思っていましたが、試しに始めてみたYouTubeを収益化することができるかもしれないとなったときに、この後もやりたいと思うことがたくさんできて、YouTubeのおかげでゴールが本当の終わりではなくなった感覚がありました。

KOTSUBU
SOLO RESET JOURNEY
009

大好きな旅を仕事にするバイクYouTuberこつぶ誕生

もともと写真を撮ることが大好きだったので、インスタグラムに風景写真や日々の日記を毎日投稿していました。ただ、自分の顔はすべて隠していました。

その頃は、YouTubeをやるつもりはなかったのですが、映像でも記録を残しておきたいと思い、中古で買った少し画質の荒いGoProをヘルメットにつけていました。映像を撮りながらしゃべるということもなく、本当にきれいだと思った場所で30秒くらい撮るということをしていたのです。

旅を中断する前、東日本側を巡っていたときから、そういうことはしていたので、いざYouTubeを始めようと思ったときにも一応、動画素材だけはありました。

「そういえば私、映像もいっぱい撮っていたな」と思い、せっかくだから見てもらおうと思ったのも、YouTubeを始める後押しとなりました。

最初にＹｏｕＴｕｂｅにアップしたのが、日本一周の東日本編で撮影していた絶景の動画を、３分ほどのダイジェストにしたものでした。これが意外にも再生回数がよくて。

フォロワー数百人というところからのスタートでしたが、最初からそれなりの反響があったことで、ＹｏｕＴｕｂｅをやることで旅を続けていけるのではないか、と思うことができました。

インスタグラムでも徹底して顔を出してこなかったので、ＹｏｕＴｕｂｅで顔出しをすることは最後まで悩みましたが、これが旅の資金源になると割り切ったことで、顔出しに踏み切れました。顔を出さなければ、ＹｏｕＴｕｂｅをきっかけとした新たな仕事のチャンスを逃してしまうのではないかと考えたのもあります。仕事として割り切る以上、自分が何者であるかを公表する必要があるという答えに至りました。

チャンネル名にもなっている〝こつぶ〟は、学生時代のあだ名です。キッカケは、**私が〝こつぶ〟という名前のジュースを買ったときに、友達が発した「それ、お前やん」という何気ない一言。**それを機に、ハンドルネームをこつぶにしていたので、ＹｏｕＴｕｂｅでも引き続き使うことにしました。

動画を公開するときに大切にしているのは、とにかくありのままを見せることです。もちろん台本はありませんし、私が旅をしているなかで起こったことをすべてそのまま残しています。余計な編集をせずに、リアルを共有したい。

もうひとつ、女性目線で動画を作ることも意識しています。自分が旅を始めるにあたって情報収集をするとき、先人の方たちが発信してくれた情報を頼りに計画を立てたり、持ち物を選定したり、荷物の積み方を学んだりしていました。ただ、男性が発信している情報はたくさんあったのですが、女性目線で「これが知りたい」みたいなものが、どう調べてもなかなか出てこなくて苦労したからです。

そうした自分自身の経験から、YouTubeを始めるときに思ったのが、多くの人には刺さらないかもしれないけれど、情報を求めているコアな層に届けられるようになりたい、ということでした。だから私のチャンネルでは、見ている人の大半には関係ないような、小柄な人向けの対策や、「女性はこういうふうにするといい」といった動画もけっこうアップしています。

YouTubeを始めたことで、悩ましく思うこともあります。例えば、どうしても「撮れ高」が気になってしまうこと。もともとは自分の思い出として記録を残すことが動画撮影の一番の目的だったのに、どんな場面でも「カメラをまわさなきゃ！」と思ってしまいます。最近は旅を楽しむために撮影することと、仕事として撮影することの境界がだんだん曖昧になっている気がします。本当に旅を楽しめているのかな……と。純粋な旅とは言い切れない部分も出てきているのは確かです。

あるいは、旅先で出会った人と交流するような場面でも、こんなにいい人がいること、旅先ではこんなに素晴らしい出会いがあることを、せっかくだからみんなに伝えたい、という気持ちになります。そのためには、「撮影してもいいですか？」とお願いしなければなりません。本当は純粋な出会いのはずが、それが心苦しく感じることはあります。

本当は自分だけの秘密にしておきたい、とっても素敵な場所もたくさんあるのですが、一方では、たくさんの人にその素晴らしさを知ってほしいという思いもある。どこまで情報を公開していくのかは、いつもせめぎ合いなのですが、ＹｏｕＴｕｂｅを始めた今は、私が何度でも訪れたいと思うような絶景スポットを、視聴者のみなさんと共有したい、そんな思いでいます。

KOTSUBU
SOLO RESET JOURNEY
010

ロボットアニメ好きが高じてＣＢＲ２５０ＲＲを相棒に選ぶ

バイク選びは１００％見た目重視派です。もちろん快適に、かつ安全に乗れるかどうかというのはある程度考慮しますが、やっぱり目にして心がときめいた車両じゃないと、単なる移動の足になってしまいます。それではつまらないですよね。

その点でいうと私のＣＢＲ２５０ＲＲなんて、本来は旅をする乗り物ではありません。**見る人が見れば、「ＣＢＲ２５０ＲＲにあんなに荷物を積んでいるなんて、頭おかしいよ」という感じかもしれません。**本来ならばバイクで旅をする人はたいてい、荷物をたくさん載せられるようなツアラータイプや、ダート（舗装がされておらず、路面の凹凸が激しい道）でも行けるようなオフロードタイプを選ぶのが一般的です。

それでも私がCBR250RRで旅に出たのは、旅の目的がただ全国各地の絶景を見たいからというだけではなかったからです。むしろそれ以上に、自分のお気に入りの愛車と一緒に、旅の記録を残したかったからという思いがありました。旅に出る前にDIYを施して、いかに快適な乗り物にできるかと工夫を凝らすのも、とても面白い経験でした。

いざ旅に出たら出たで不便なこともあり、なんでこのバイクにしたんだろうと思いながら走ってはいたのですが……。

そもそも私がCBR250RRに乗り始めたのは、学生時代のバイク仲間に影響を受けています。

最初に乗ったのがエストレヤというクラシックタイプで、ごく一般的なネイキッドバイクだったのですが、学生時代に一緒にツーリングへ出かけていた仲良しグループのなかでひとりだけ、スポーツタイプに乗っている子がいました。その子はグループのなかで唯一、今もバイクに乗り続けていて、当時からバイクに対する情熱があり、本当にバイクが好きなんだと感じるような子です。その子がスポーツバイクの魅力をたびたび力説する姿を見ているうちに、私も興味がわいてきて、「次はスポーツバイクに乗ってみたいな」と思うようになりました。

もしスポーツバイクに乗るなら、小柄な私でも乗れそうなのは２５０ｃｃだろうと思っていたのですが、まだ運転に不安があったので、慣れるためにもまずは中古の２５０ｃｃを選ぼうと思い、中古店をたくさんまわったもののしっくり来ず……。「いいのがないかな」と思っていたときに、たまたまホンダが新しい２５０ｃｃを出すらしいという誰かのリポストを目にしました。イメージ写真を見たときに、それがあまりにもドンピシャすぎて衝撃を受け、「これだ！」と即決。このときも就職をしたばかりでお金がなかったのですが、どんなに高くてもいいから私はこれを買うと決め、発売を待って購入しました。

即決の理由は、やっぱり見た目です。私はもともとロボットアニメが大好き！ なかでも**『新世紀エヴァンゲリオン』『交響詩篇エウレカセブン』『コードギアス』などが好きで、ＣＢＲ２５０ＲＲの見た目が完全に、ロボットアニメに出てくるダークヒーローロボットなのです。**そのメカメカしい感じに、これしかないと心が決まりました。

バイクにはいろいろなタイプがありますが、私の一番のお気に入りがスポーツタイプです。それは乗車姿勢にも関係していると思います。スポーツバイクはハンドルの位置が低いので前傾姿勢になります。「私がこのマシンを操っているんだ」感がビシビシと感じられる、乗車姿勢や目線がとても好きなのです。

CBR250RRと私（ライダーになったばかりの初期）

COLUMN

1

こつぶの絶景ハンティング

雪山でスノーバイク

次元が違う爽快感！ 誰も足を踏み入れていない 雪上を滑走

雄大な自然で見どころばかり。オールシーズン大好きな北海道ですが、もちろん真冬の雪山も最高です！ 昨冬、プロの方に教えてもらってスノーバイクに初挑戦しました。スノーバイクというのはスノーモービルとは違って、450ccのオフロードバイクを改造して、前輪はタイヤを外してソリに、後輪はキャタピラに付け替えて雪山仕様にしたものをいいます。1番の魅力は、まだ誰も足を踏み入れていないふかふかの雪の上を滑走して、絶景を超スピードで堪能できること。浮遊感MAXな乗り心地で、非日常な異世界を楽しみながらライドできます。それなりにスピードがでていないと雪の中に沈んでしまうから乗りこなすまでがちょっぴり難しいですが、パウダースノーだったら転倒しても雪がクッション代わりになって痛くないので怖がりすぎなくて大丈夫でした。なかなかハードルが高いかもしれないけど、プロの方がしっかり教えてくれるツアーもあるから、ウィンタースポーツが好きな方には本当オススメです！

Chapter

2

予定は未定、しばしば変更あり

兵庫県赤穂市にある「BOB CAFE」。
初の北海道ひとり旅で出会い大親友になった、
同世代の女性ライダーが切り盛りする古民家カフェです。
“予定は未定、しばしば変更あり。それでも前へ進もう！”
これは彼女から教わった言葉です。
上手くいかなくて先が不安なとき、人生の道に迷ったときに、
背中を押してくれる、ずっとずっと大切にしたい考え方です。

KOTSUBU
SOLO RESET JOURNEY
011

旅人必見！いざというときのライフハック

日本一周の旅に出るのに情報を得たいけれども、なかなか得られなかったのが、持ち物や、女性が旅をする上で気をつけなければならないことについてでした。**バイク旅をするのはほとんどが男性なので、女性向けの情報が本当になかったのです。**

持ち物に関しては、私なりに試行錯誤しながら旅を続けてきたので、1回目の日本一周のとき、中断期間を終えて再開するとき、そして2度目の日本一周「おかわり旅」(以下、おかわり旅)のときと、旅を重ねていくなかで、少しずつ変化していきました。

荷物は、バイクの後ろにリアボックスとサイドバッグを取り付けて収納。サイドバッグには頻繁に使用することのないキャンプ用品や登山用品、レインコートなどを、リアボックスには毎日のように使う生活必需品を入れています。

バイクに乗るときの服装は、ライディング用のジャケットにジーンズ。靴は、身長

145センチの私がバイクに乗るには厚底のライディングブーツが必須です。山にも登るので登山靴と、バイクに乗っていないときに履くクロックスを備えています。体格上、足着きに問題がない方であれば、ライディングシューズではなく登山靴でも大丈夫。登山靴は防水のものがオススメ。バイクを降りてそのまま歩き回れるので便利です。でも靴紐があると、足の甲にギアチェンジ用のカバーはついていないから痛みます。カブなどロータリー式のギアチェンジ方式(足の甲でギアを上げる動作が必要ない)の小型バイクに乗っている旅人は登山靴を活用している人が多いですね。大きなバイクに乗る人はしっかりバイクブーツを履いた方が安心です。

そのほかに必要な衣類はTシャツ、下着、靴下、そしてタオル。長期ツーリングでは、着ているものも含めて5セットほど用意しました。加えて夏場は、汗によるベタつきや汗冷え対策にメッシュタイプのインナーシャツを持参します。

意外にかさばるのが女性用下着です。なので、途中からはカップのついたブラトップTシャツにしました。それまでは、ブラジャー、肌着、Tシャツと重ねていたものがブラトップTシャツなら1枚で済むので、とても重宝します。また、タオルではなく手ぬぐいにするとかさばらず、乾きもよいのでオススメです。

衣類が多いとリアボックスの中を占拠してしまうので、一時は3セットに減らしたこともあります。そのときは、コインランドリーの使用回数が増えると出費がかさんでしまうので、洗濯用洗剤を持参して毎日手洗いをしていました。面倒に思えるかもしれませんが、お風呂に入ったときや、キャンプ場なら夕食を食べた後の炊事場でパパッと洗うようにすれば、そこまで苦ではありません。コインランドリーに行くための拘束時間を考えれば、時間のムダにならないのでよかったと感じています。

そのほかの荷物の工夫として、お風呂セットは濡れてもすぐに乾くフルメッシュのポーチにまとめていました。

また、節約旅ではテントを張ってキャンプをすることも多いですし、毎日のように銭湯に通うと出費がかさみます。あるいは、さまざまな理由でどうしてもお風呂に入れないときが絶対にあります。そういうときにあるとよいのがボディシートとドライシャンプースプレーの簡易お風呂セットです。汗をかく夏の時期でもスッキリすることができます。

女性特有ということでは、生理があります。生理用品に関しては、緊急時用におりものシートを数枚ほど携帯するようにしています。生理用ナプキンはコンビニでも買うことができるので、必要なときに現地調達すれば十分。生理中の入浴はほかの利用者にも気を遣うので、シャワー室のあるキャンプ場や、立ったままシャワーを浴びることのできる銭湯を探して利用しています。また、旅人定番の某ネットカフェは、300円程度で個室シャワーが使え、ついでにジュースを飲むこともできます。生理中以外に、お風呂代の節約のためにもいいですよ。あと、生理痛薬は体調不良のときにも役に立つので、携帯しておくとよいかもしれません。

男性が圧倒的に多いバイク旅なので、安全な旅のためには、男性以上に気を遣わなければならないのは否めません。

例えばテント泊をするときは、管理人さんが常駐している場所や、有料のキャンプ場を選ぶと安心です。私としては、ファミリーキャンパーの多い場所を選ぶのもオススメです。家族連れが多いところは基本的に治安がいいから。差し入れをいただいたり、子どもたちがテントに遊びに来てくれたりなど素敵な交流ができることもたくさんあります。

KOTSUBU
SOLO RESET JOURNEY
012

気候はアンコントロール旅の半分は雨で動けないと思え

バイク旅は、どうしても天候に影響を受けるものです。

私は、雨の日は絶対に動かないと決めています。できれば格安の宿で、宿がない場合には最悪テントで、1日動かずに動画の編集作業をしたり、体を休めたりします。天気予報の確率が高まる2〜3日前から段取りをつけて、行動するようにしています。

雨の日は動かないと決めたのは、学生最後の夏休みに、初めてのひとり旅で北海道へ行ったときのことです。時間が限られていたこともあり、ガチガチに2週間の予定をすべて決め、ルートも決めて、その通りに行動していました。雨の日もレインコートを着て、雨に打たれながら走っていたのですが、けっこうしんどくて……。

その折に、あるライダーハウスに入って、仲良くなったベテランの旅人さんたちの集まりに入れてもらったことがありました。会話をするなかで「雨なんですけど、明日には出ます」と言うと、「やめなよ」と引き止められたのです。「せっかく仲良くなったんだから、今夜だけじゃもったいないでしょ？　こういうときは潔くステイしたほうがいいよ。停滞したらしたで、楽しいことがいっぱいあるから」と。

そのライダーハウスでは、結局3泊もしてしまいました。でも、**この停滞期間が旅のなかで一番楽しい思い出として残っています。**基本、バイク旅は気候に合わせて移動するので一期一会の世界。それがよくもあるのですが、停滞することでより深い話が聞けます。共通の趣味があると、それを一緒にやりに行こうという話になることもあります。順調にバイクで移動して旅を進めていくだけではしない体験を誰かと共有する時間が生まれ、大学時代の青春を思い出すような過ごし方ができます。ひとり旅のなかのちょっとしたイレギュラーによって、人と関わる楽しい空間となるのです。

それ以来雨の日は動かず宿へ行くことを、自分のなかで決めています。だからバイク旅を計画するときは絶対、スケジュールに余裕をもたせておくべき。私は旅の半分は雨で動けないと思って期間を設定しています。

長いときには、1週間ほど停滞したこともあります。熊本あたりにいたときだったと思うのですが、台風にあたってライダーハウスに停滞しました。

台風といえば、北海道にいるときに「（北海道に）台風は来ないだろう」と甘く見ていたら、温帯低気圧に変わっていたものの強風に見舞われ、ライダーハウスの外に停めていたバイクが倒れてしまったことがありました。ライダーハウスのオーナーや宿泊者などメカに強い人がたくさんいたので、バイク自体は大丈夫だったのですが、トラブルがあるとみんなの団結力が高まることを実感した出来事でした。

夏の炎天下でバイクに乗ることももちろんありますが、はっきり言って地獄です。**もし暑い夏の時期にバイクに乗るのなら、私は絶対に北へ向かいます。**

日本一周をしているときも「真夏は北、真冬は南」というルートになるように計画していましたが、それでも最初の日本一周旅のときは、7月に出発した後、北海道に入るまでの1カ月間が本当に大変でした。近くの温泉施設を探してお風呂に入った後に、バイクに乗って寝るところまで移動することを毎日やっていたのですが、わずかな移動でもヘルメットをかぶると汗をかいてしまいます。そんなときは簡易お風呂セットが大活躍！　ドライシャンプーと、強力なメントール成分でスースーするメンズのボディシートは夏の必需品です。

バイクに乗るときは、夏でも基本的にプロテクターの入ったライダー用のメッシュジャケットを着ています。夏用で涼しいとはいってても汗だくになってしまうので、水分補給のためにも休憩時間は多くとるようにしていました。また、ペットボトルをすぐに取り出せるようにふたの開閉がしやすいボックスを取り付けて、素早く水分補給ができるような工夫もしていました。

ただ、一番いいのは、暑いときにはあまり走らないことです。もし走るのなら、できるだけ北の涼しい場所へ行くのがオススメ。もしくは超朝型人間になって早朝に出発し、昼間の一番暑いときは多めに休憩をとるようにするのもよいと思います。

もちろん日焼け対策もマスト。バイクに乗っている間は必ず長袖を着ていますし、グローブをつけるのでよいのですが、盲点なのがバイクに乗っていないとき。観光など半袖で行動するときは、普段みなさんがしているのと同じように、日焼け止めを塗るようにしています。また、バイクに乗るときはまったくメイクをしないのではないかと思われる方もいますが、私は毎日しっかりとメイクをしていたので、それが日焼け対策にもなっていました。おかげで顔は全然焼けなかったですよ！

KOTSUBU
SOLO RESET JOURNEY
013

バイク旅を楽しむコツは最初からハードルを上げすぎないこと

バイクに興味があったり、バイクで旅をしてみたいと思っていたりしても、なかなか一歩を踏み出せない方もいるかもしれません。それは、私が旅を始めたときもそうだったのですが、特に女性向けの情報が少ないことも理由のひとつではないかと思います。

でも、あまり慎重になりすぎてしまうと、いつまでも一歩が踏み出せないと思います。そこでまずは、普通の旅行だと考えてみましょう。多くの人が観光で行くところへ行って、ビジネスホテルに泊まればOK。ただ、移動手段をバイクに変えるだけでよいのです。旅行の期間も1泊や2泊から始めれば、きっとそんなにハードルの高いものではないと感じられるのではないでしょうか。もっといえば、自宅から一番近いツーリングスポットへ、日帰りツーリングをするのもきっと楽しいはずです。学生時

代の私がそうだったように、ひとり旅が不安なら、最初はお友達と一緒に出かけると安心だと思います。

そうして慣れてきたら、宿泊先をゲストハウスにしてみてください。共用空間で寝るのが不安なら、個室のあるゲストハウスを利用するのも手です。「きれいなゲストハウスとうたっているけれど、実際にはほとんどホテルじゃん！」というところもけっこうあります。また、最近は女性専用のゲストハウスも増えています。地方でも、女子旅を応援しているような自治体では、そうした施設が充実しているはずです。

狙い目は、サイクリストが多く集まる場所。観光スポットを巡る手段としてサイクリングを推しているところだと、そもそも二輪が走りやすいように道が整備されています。またサイクリングが手軽にできるのは、山間部よりも海沿いのような自転車でも走りやすい場所なので、景観もいいと思います。そういった場所は、サイクリスト向けのきれいなゲストハウスなども重視されているイメージです。代表的なところでは、滋賀県の琵琶湖周辺や広島と愛媛を結ぶしまなみ海道などが挙げられます。

個人的には、道路の脇に「自転車専用道路」が多いところは女性でも旅がしやすく、宿泊環境も安心な印象があります。

バイク旅やひとり旅に慣れてきたら、ライダーハウスやキャンプ泊にもトライしてみるとよいと思います。ライダーが多く集まる場所は、情報の宝庫。経験豊富な先輩ライダーさんから、ガイドブックには載っていないような㊙スポットや、宿泊先の情報、バイク旅の極意などを教えてもらえる貴重な機会となります。

車のようにカーナビが装備されていないバイクでは、ナビについてどうしているのかという疑問もあるかもしれません。

ナビはスマホを活用しています。インカムをつけているので、ナビの音声も問題なく聞き取ることができます。そのため、道を大きく間違えることもありません。ただ、Ｇｏｏｇｌｅマップを使っていると、時折とんでもない道を走らされることがあるので注意が必要です。Ｇｏｏｇｌｅマップは、道路事情などは考慮せずに、最短距離を推奨するようです。**このまま大きな道路を走っていれば目的地まで行けるのに、脇の田んぼ道を通って合流する、というようなルート選択をされることがあります。**

ただ、ライダーの場合は、あえてＧｏｏｇｌｅマップを使う人はけっこういます。

私もＧｏｏｇｌｅを信用した結果、とんでもない山道を走らされ、こんなところ走りたくないのに……というような道を行かされるのですが、そのおかげで普通なら行かないような山道に入って絶景を見られたこともありました。

私は、Ｇｏｏｇｌｅマップで目的地の住所を調べますが、ナビとしては道を考慮してくれるＹａｈｏｏ！カーナビのアプリを使っています。ただ、車種の考慮はできないので、たまにバイクが通れない道を通る設定になっていることがあるため、そのときはナビタイムジャパンのツーリングサポーター　ｂｙ　ＮＡＶＩＴＩＭＥが便利です。景観優先ルートが選べたり、１２５ｃｃ以下走行禁止道路が回避できたりするほか、二輪駐車場を探すこともできます。カブ旅で使っている人が多いです。私はまだ使ったことがないのですが、最近はこのアプリとツーリングマップルを連動できるサービスもあるみたいです。

ナビを利用しつつ、バイクツーリング用のツーリングマップルという紙の地図も携帯しています。スマホのナビだけだと、最短距離か走りやすい道しか出してこないのですが、ツーリングマップルはライダー目線で、路面や景観などの情報もすべてポイントが記してあります。私はナビとツーリングマップルを照らし合わせて、こういうルートを通ったほうが楽しめそうだな、というのを考えて目的地まで行っています。

KOTSUBU SOLO RESET JOURNEY 014

キャンプ泊の夜は怖い野生動物の存在

資金節約も兼ねてキャンプ泊をすることも多いのですが、外でテントを張って一夜を過ごすというときは、ドキッとすることもあります。それが野生動物の出現です。外は真っ暗ですし、テントを開けて外を見ていないので実際にその姿を目撃することはなかったのですが、物音からきっとテントのまわりにいたのだろうな、ということは何度か経験しました。もちろん攻撃してくるような動物ではなく、きっとキツネやタヌキの類いだったとは思うのですが、夜に出てくるのは怖いものです。

鳴き声や遠吠えが遠くで聞こえてくるのも、自然のなかにいる恐怖を感じるのですが、遠くで聞こえる分には、むしろ人が近づいてくる音に比べればマシといえるかもしれません。

野生動物というと、やっぱり北海道は別格です。富良野から十勝岳の麓へ向かってバイクで走っているときには、峠道で複数のキタキツネに遭遇しました。

宿泊していたライダーハウスの目の前にエゾシカの大群が出没したこともありました。シカというと、奈良公園の人に慣れたシカをイメージするかもしれませんが、まったく違います。可愛い生き物ではないですよ！

北海道のエゾシカはライダーにとって天敵。バイクに向かって道路脇から飛び出てくることもよくあるからです。地元の警察も注意喚起しているのですが、北海道を旅しているときにエゾシカと衝突して交通事故になるケースはとても多く、ツノが刺さって亡くなってしまうこともあるそうです。1頭見かけたら、近くに数頭いることが多いので、**もしツーリング中にシカを見かけたら、すぐに止まるようにしてください。**

特に出没率の高い道東には、おそらく運転手が見逃さないように、道路に「シカ注意」の文字が書かれていることもあり、私はその注意書きを見るたびにビクビクしながら走っていました。それがライダーハウスの前に群れていたのですから、見つけたときにはビックリしました。

また、タウシュベツ川橋梁がある糠平《ぬかびら》湖の周辺はヒグマの生息地域ということで、単独行動を避け、ヒグマ対策を講じるように上士幌《かみしほろ》町から注意喚起がなされています。

だからというわけではなく、北海道を旅するのが大好きということもありますし、最近は**登山にも行くので私の持ち物には熊鈴が入っています。**

　そのほかに、鹿児島県の屋久島でも野生動物に遭遇しました。屋久島は縄文杉周辺だけでなく島の一部、全体の約5分の1が世界自然遺産に登録されています。島の西部沿岸部にある西部林道は世界遺産エリアに入っていくことのできる唯一の車道なのですが、その林道を進んで屋久島灯台を目指して走っているときにサルを発見！　行くときは1匹だけだったのですが、その帰り道には10匹以上いて驚きました。

　バイクで近づいてもまったく逃げる様子がなく、道路のど真ん中で毛づくろいをしているマイペースぶり。スピードを落としておそるおそる進んだのですが、飛びかかってくるのではないかと思ってすごく怖かったです。**屋久島のサルは人に慣れていて、全然逃げない**という話は聞いていたのですが、本当にその通りでした。

　サルの大群にビビりながらも林道をさらに進むと、ヤクシカにも遭遇しました。屋久島と沖永良部《おきのえらぶ》島にのみ生息するヤクシカは、ニホンジカのなかでも特に小さくて、体のサイズの割に四肢が短いという特徴があるそうです。サル同様、ヤクシカも警戒心がなく、まったく逃げるそぶりを見せませんでした。

また、完全な野生とは違いますが、沖縄の与那国島には、現存する日本古来の在来馬8種のうちのひとつである与那国馬の群れが、ほぼ野生に近い形で暮らしています。人間がエサをあげることはなく、朝や夕方には岬の周辺で自由に草を食《は》んでいる姿が見られます。島の一定エリアを自由に動けるようになっているので、道路を歩く姿を見かけることもあります。私も東崎《あがりざき》展望台で出会いました。やっぱりバイクが近づいても微動だにしませんでした。とてもおとなしく、なでることができましたよ。

北海道のエゾシカと屋久島のサル

KOTSUBU
SOLO RESET JOURNEY
015

お酒はコミュニケーションのきっかけになる

YouTubeを見ていただいている方はご存じだと思いますが、お酒が大好きな私。ひとり飲みもしますし、ゲストハウスやライダーハウスでは、宿泊者の方たちと夜な夜な酒盛りになることも多々あります。

私は、大好きな北海道の地でそういうお酒を交えたコミュニケーションの機会が多かったのですが、そこでは地元の方たちというよりも、ライダーハウスで全国から集まっている旅人さんたちとお酒を酌み交わすことが圧倒的に多く、その後のおかわり旅では、地元の方々と積極的に交流しています。そのなかで思うのは、**北の人ほどお酒のコミュニケーションは少なく、反対に南へ行けば行くほど、お酒好きな人が多くて、飲み会が盛り上がる**というのはあるのかなという気がしています。

長年暮らしていたからそう思うのかもしれませんが、やっぱり九州は別格だと思います。特に沖縄へ行くと、「ゆんたく」という文化があります。ゆんたくとは、沖縄の言葉でおしゃべりや団らんを意味していて、みんなで集まっておしゃべりをすることを指します。居酒屋へ行かなくても、そのへんに机を広げて、おじいちゃんやおばあちゃん、若者たちが酒宴をひらいています。気がつくと「こんな人いたっけ？」というような人が話に加わっていることもあります。

バイク旅をするので、私も翌日にお酒が残らないように、できるだけセーブしようと努力はしているのですが、旅先で出会った人たちや友人と一緒だと、どうしても楽しくなってお酒が進んでしまいます。

酒の席が情報交換の場だったりもします。知らなかった旅先の情報を教えてもらうこともありますし、意気投合することで行動をともにすることも。

お酒の勢いで話がまとまり、急きょイベントのお手伝いが決まったこともありました。最初の日本一周でお世話になった福島県田村市の聖石《ひじりいし》温泉に、おかわり旅で3年ぶりに訪問したときのことなのですが、**奥州福島聖石温泉のオーナーの提案で、こつぶ温泉として1日若女将を務めました**。ところが、前夜にしこたまお酒を飲んでしまったため、翌朝は開店する時間に起きることができませんでした……。

前夜のうちに大盛り上がりしたノリで「明日、若女将やります！」とすでにSNSで発信していたので、開店前から来てくださった方もいらしたのですが、とても優しい方ばかりで、私が起きてくるのを待ってくださいました。温泉の看板に「こつぶ」と書いた紙を貼って即席看板としたのですが、看板用の紙を用意するところから、はしごで屋根に上って看板を掛け替えるまで、本来なら開店前に終わっているはずの作業すべてを見守っていただいたのでした。

ちなみに、その日のイベントに参加してくださった視聴者さんが差し入れてくれたのも、お酒でした。実は私、お酒の差し入れを楽しみにしているところがあります。私がお酒好きなのを知り、あまりスタンダードではない地元の隠れた銘酒やイチオシのお酒を持ってきてくださることもあるからです。気に入ったものは自分で買うこともあります。

時には、旅先のオススメスポットとして酒蔵を教えてもらうことも。ただ、バイク旅とは相性が悪く、試飲ができないのが残念なのですが、どうしても気になったところは見学に行き、お土産を購入して夜に宿でひとり酒を楽しむこともあります。

旅先で、地酒を楽しむのもいいですよね。沖縄の離島・波照間《はてるま》島で作られている泡盛「泡波」は、もともと島民のために作られているため、生産量が極端に少ないことから、幻の泡盛と呼ばれています。石垣島でも買えるのですがやや割高。波照間島では通常価格で売られているので、現地に行ったらぜひ購入したい一品です。

ただし、波照間島でも1日に買える本数が限られているので、気になる方は要注意。私も、旅先で出会った方の**「朝起きたらまず酒蔵へ行って『泡波』を買うことから1日を始めるのよ！」**というアドバイスに従って、滞在中は毎日のように酒蔵に通って上限まで購入し、実家に送りました。

お酒を楽しむときは、飲酒運転に気をつけてください。私が停滞するのもいいなと思うようになったのは、次の日の移動を気にせずにその土地のお酒を楽しむことができるというのも、ちょっとだけあります。

KOTSUBU
SOLO RESET JOURNEY
016

〝地物の宝庫〟道の駅で自炊を楽しむ

道の駅。その土地の特産品やお土産が並んでいて、とても魅力的です。**シャワーやお風呂などの入浴施設がある道の駅**もあります。私が利用したのはコインシャワーでしたが、ちゃんと男女で分かれていましたし、きれいでした。入浴施設がある場所は限られていて、非常に珍しいのですが、長期旅をする人や仕事で長距離を運転するような人にとっては、とてもうれしいものだと思います。

道の駅活用法として、私は自炊のための食材を調達するときに、あえてスーパーではなく道の駅を利用していました。旅の資金は決して潤沢ではないので、節約のために食事は自炊がメイン。唯一、お昼だけはガッツリ観光メインでご飯を食べるのですが、夜は絶対に自炊をすると決めていました。ただ、自炊でもその土地を感じられるようにと、夕方になると道の駅に行っていたのです。

どちらかというと野菜や果物が多いのですが、冷凍のお肉の加工品もあり、**ヤギのソーセージやジビエ肉**などを売っているところもありました。ソーセージを焼いて、それにビールがあれば、私には十分なご馳走です。

自炊用のお米も現地で調達します。スーパーだと少なくても2キロくらいからしか売っていないのですが、道の駅に行くと、2合くらいの小さなご当地米のお試しパックが売っていることがあるので、よく買っていました。

食材がそろわないときには、もちろんスーパーにも行きます。

ライダーハウスに宿泊する場合には、自由に使えるキッチンが備わっていることが多いのですが、私はテント泊もするので屋外でも自炊ができるように、コンパクトになる持ち運び用のクッカーとガスバーナー、ご飯を炊くための四角いお弁当箱のようなメスティン、小さなナイフなどの調理グッズや、コーヒーや紅茶をわかして飲むためのチタンマグを持って旅をしていました。また、調味料は、アウトドアに欠かせないほりにしやマキシマムのスパイスを小さな瓶に詰め替えて持って行っていました。

ライダーハウスに宿泊するときは、ほかの宿泊者と交流することが多いので、ひとりで自炊をするのではなく、ゲストハウスで振る舞われた食事を楽しんだり、それぞれ買ってきたものや持っているものを出し合って調理したりします。

ゲストハウスによってはときどき、**地元の農業や漁業、畜産業を営んでいる方が「旅人に食べさせてあげて」と食材を持ってきてくれることもあります。**宿泊している人のなかにはいろいろな職業の人がいて、料理人や元漁師という人がいることもありますし、そうじゃなくてもたいてい料理が得意という人がひとりはいるので、食材をおいしく調理してくれるんです。

温泉に入るとキャンプ場にも泊まれるお得な福島県の温泉施設では、100キロはあるマグロの頭の部分を「どうせ捨ててしまうから」と持ってきてくれたことがありました。それを元漁師の旅人がキャンプ場にあったドラム缶を使って、巨大なカブト焼きを作ってくれました。

別のときにはニワトリを1羽、「みんなで好きに食え!」と持ってきてもらって、それをみんなでどう調理しようか、というときもありましたし、誰かが誕生日というときには、ケーキを作ったことも。

地産のものをひとりで楽しむこともあれば、現地で出会った旅人仲間でにぎやかに楽しむこともある。それも旅の醍醐味です。

なお、道の駅はあくまでも運転者の休憩施設なので、車中泊は基本ＮＧ。ですが、車中泊の専用施設やオートキャンプ場を併設している場所であれば、許可されています。また、テントの使用が可能なところや、キャンプ場を併設しているところも少しずつ増えているようなので、テント泊をする旅人にはありがたい。もちろん一切不可としているところもあるので、もし道の駅でテントを張りたいときには、事前に問い合わせてみることをオススメします。

KOTSUBU
SOLO RESET JOURNEY
017

全国各地の温泉を楽しむ野湯はハードルが高いけれど優勝

旅の途中で温泉に入るのは準備が大変ですし、すごく温泉が大好きというわけではないのですが、そんな私でも、わざわざ入りに行きたくなる温泉があります。

私の温泉の楽しみ方は3つあります。

1つ目は、有名な温泉地。それもちょっといい旅館についているものではなく、外湯と呼ばれる共同浴場です。

強く印象に残っているのは、**兵庫県豊岡市の城崎《きのさき》温泉**。外湯が7つあるので、1つの場所で湯巡りができるのがよかったです。歴史のある美しい街並みは、THE・観光地という感じではないけれども整っていて、とても不思議な感覚に包まれます。

あとは**岩手県北上市の夏油《げとう》温泉**。城崎温泉はアクセスがとてもしやすいのですが、夏油温泉はアクセスが厳しく、焼石岳の中腹にある秘湯です。ここでも湯巡りができますが、わかりやすい温泉街という感じではなく、渓谷沿いに露天風呂が点在しているので、浴衣を着たり脱いだりしながら森の中を巡ります。5月初旬から11月中旬までの期間限定営業というのも、特別感があっていいですよね。

2つ目が、生活のためのお風呂としての温泉、銭湯です。『温泉博士』という雑誌があるのですが、その雑誌に**「温泉手形」というコーナーがあって、雑誌を持っていけば、その月に掲載されている約130前後の温浴施設を無料で利用することができます**（入浴料が1000円を超える場合は1000円引き）。月刊誌なので、掲載されている店舗は毎月変更されるのですが、リストアップされた施設を目指して行くこともしていました。

そして3つ目が、ちょっとヘビーなのですが野湯《のゆ》です。川や湖のほとりに天然でわいていて、無料で誰でも入れる自然の温泉が全国にたくさんあります。山のなかや峠道の途中に、露天風呂がバーンと出てくることもあります。そのなかでも比較的ハードルが低くて女性でも入りやすい場所にはなりますが、水着を持参して野湯を目的地にして旅をすることもありました。野湯は水着着用がダメなところも結構あるので、女性は特に調べてから行くことをオススメします。

野湯の情報源は、旅人にとても便利な『はちのすマップ』です。全国の旅人の口コミが集まる、知る人ぞ知るポータルサイトで、ライダーハウス、格安のゲストハウス、無料もしくは1000円以下の超格安キャンプ場、そして野湯の情報がすべてまとまっています。野湯の場合、日本地図上に温泉マークがバーっと並んでいるので、それを見てまずは面白そうと思うところをピックアップします。はちのすマップは基本情報のみで具体的な情報までは載っていないので、ピックアップしたところを自分で調べ直して、ダイナミックな景色のなかにある野湯を選んで行っていました。

なかでも印象に残っているのは、**秋田県湯沢市の川原《かわら》毛《げ》大湯《おおゆ》滝《たき》**です。滝つぼや渓流がすべて温かく、川に飛び込めばそこが温泉なので、川遊び＝入浴というとても楽しい野湯です。知名度は高く、脱衣所や公衆トイレも設置してあります。ただアクセスが大変で、山の峠道を走った先に駐車場があり、そこからさらに歩いた先にあります。

もう1つ、景観のよさでいうと**北海道の屈斜路湖《くっしゃろ》**。屈斜路湖は温泉が湧いている箇所がいくつもあって、冬でも一部分だけ凍らないことで有名なのですが、その湖のほとりに、地元の人が管理している野湯がいくつかあります。その1つであるコタンの湯は周囲を石で囲ってあり、基本的には混浴なのですが、真ん中にある巨大な石が男湯と女湯の仕切りになっています。仕切りがあるとはいえ普通に見えるので、水着やタオルを巻いて入浴しましょう。

コタンの湯は、とても丁寧に管理されています。無料で、基本は24時間利用可能となっているのですが、週2回ある清掃の時間は入浴が不可となっています。温泉に行くタイミングを失敗すると入れません。

実は私も2回トライしたのですが、いずれも行ったのが入浴できるギリギリの時間だったので入ることができず、3回目でやっと入ることができました！　念願かなっての入浴は、湖とつながっていることもあり景色がバツグンでした。季節によっては湖に飛来した白鳥を見ることもできますよ。

地元の人が利用する野湯に一緒に入らせてもらうような場所では、独自の地元ルールが存在することもあります。特徴的なところでは、北海道の知床峠の麓にある熊の湯。観光客も多く訪れます。この野湯は、お湯が熱すぎてなかなか入れないことでも有名。湯加減に厳しい地元の人がいる時は水を足させてくれないこともあり、日中やピークタイムでは熱々になっていることが多い。タイミング次第です。ちょうどいい湯加減で入れるかタイミングチャレンジが必要です。

COLUMN

2

こつぶの絶景ハンティング

奈良で神の使いと戯れる

ド定番だけど唯一無二！
神の使いたちと
パシャリ撮影

修学旅行で訪れた方も多いと思いますが、ここで紹介したいのは奈良公園の鹿です。“ド定番”の観光スポットですが、旅に慣れてきてからまた行くと予期せぬ発見があったりします。初めて行く場所はエキサイティングですが、何年も前に行った場所を再訪するのも懐かしさと安心感が混ざり合ったような穏やかな気持ちになれて、違った魅力があります。ちなみに、奈良公園の鹿は飼育されているわけではなくてみんな野生らしいです。「神の使い」として守られている奈良の鹿は、独自のDNAを持つといわれているそう。ちなみに春から初夏にかけては、ツノが生え変わる時期。いろんな表情の鹿と会えるので写真の撮り甲斐があります。紹介しておいて注意ですが、野生の鹿なので、人間の臭いがつきすぎるとバンビちゃんが親鹿から育児放棄されることもあるらしいです。エサを与えたり触ったりは控えて、適切な距離を保って戯れてみてくださいね。

Chapter

3

ハプニングも旅を楽しむエッセンス

予期せぬハプニングこそ旅の醍醐味。カッコよく言っておりますが、
実は私、"重度のおっちょこちょい"でありまして。
予約日を間違えたり、燃料不足のまま突き進んでガス欠したり……。
猪突猛進すぎるゆえ、後で痛い目を見ることは日常茶飯事。
でもその後を100%楽しむためにも、
凹みすぎず開き直ることも大事だなって私は思うんです。
あっ、くれぐれも自己責任で！

KOTSUBU SOLO RESET JOURNEY 018

食文化の違いに衝撃を受けたこともその後の旅の教訓になる

私の旅の目的はグルメを楽しむことではなかったので、お昼ご飯だけは観光を兼ねて外食を楽しみましたが、そのほかは自炊を心がけていました。とはいっても、手の込んだものを作るわけではないですし、おなかが空いたら食べ物はどこででも調達できます。食べるものがなくて困ることはなかったですし、日本で飢え死にすることはないだろうなと実感したほどです。

唯一、最初の頃はお米を炊くのがうまくいかず、しばらくはマズいご飯を食べていたことがありました。その原因はわかっていて、洗ったお米を水にひたす時間をスキップしていたから。

バイク旅をしていると、キャンプは宿泊の手段にすぎなかったので、キャンプそのものを楽しむゆとりを自分のなかでもてていませんでした。お米を炊くのも「おにぎりを買うより、ご飯を炊いたほうが節約になるし、いいかもしれない」くらいの気持ちで、とにかく空腹を満たすためにやっていました。なので、日が暮れる時間にテントを立てた後、急いで炊飯していたのです。待ち時間がイヤで手順を省略したがために、芯が残って硬いまま炊き上がっていました。おいしいご飯を炊くためには、時間をかけないとダメなんだと痛感。

あと、地域によって食文化が違うというのはよくある話ですが、それでカルチャーショックを受けたことがありました。

私が生まれ育った九州は、全般的に味つけが甘口です。そのため、海鮮が有名な土地でお寿司を食べに行ったときに、さぞおいしいのだろうと思って期待し、ちょっといいお寿司屋さんに入ったものの、醤油が辛すぎて楽しめなかったことが一度だけありました。**お寿司のネタは鮮度が高く、きっといい素材なのでしょうが、どうしても箸が進まず、それ以来、携帯する調味料に九州の甘い醤油が加わりました。**

地域性でいうと、自炊でご飯を炊く以外にインスタントラーメンを作ることもあって、ラーメンは絶対に「うまかっちゃん」と決めて持ち歩いていました。私が世界で一番おいしいと信じて疑わない、九州のご当地袋麺なのですが、ご存じでしょうか？

私の肌感覚だと、北へ行けば行くほど取り扱っていなくて。でも、ないとわかるとムショーに食べたくなるもので、「**うまかっちゃん……、うまかっちゃん食べたい……**」という欲が脳内を占拠します。南下し始めて、関西に入る手前くらいでようやくスーパーで見かけたときの感動はどんなに大きかったことか！　荷物を増やしたくないのに、5袋入りのパックに手を伸ばしている私がいました。

ラーメンでいえば「**マルタイの棒ラーメン**」。これもまた九州のご当地ラーメンで、久々に見つけたときにはうれしくなって、めっちゃストックしました。うまかっちゃんもそうですが、一般的なインスタントラーメンは正方形で結構場所をとるのですが、マルタイの棒ラーメンがいいのは、2食入りでそうめんのような長細い形をしていること。キャンプ道具の中にも忍ばせやすく、常に携帯して損はなしと、私にとって非常食にもなっています。

そのほかに**食事の場面でよく起こるのが〝箸ない〟事件**。この事件はキャンプへ行く人や登山に行く人にとっては、意外とあるあるのようです。

基本的には、マイ箸を持って旅をしているのですが、バイクを置いて離島に渡るときや登山へ行くときには、必要最低限の荷物だけをリュックに詰めて行くので、うっかり入れ忘れてしまうことがあるのです。箸はキャンプ道具一式と一緒にしているのですが、どちらかというと頻繁に取り出さない荷物なので、取りづらいところにしまっているのもあります。

冒頭でお話ししたように、お昼ご飯は外食にすることが多いのですが、イレギュラーでカップ麺を食べようと思ったら箸がない、みたいなこともあります。

私は、何か箸の代わりになるものがないかと探しまくった末に、化粧ポーチの中に入っていたアイライナーのようなペン型のコスメを2本使って、カップ麺を食べたことがあります。あるいは櫛の柄を使ったことも。箸を忘れないに越したことはありませんが、なんとかなるものです。

これまでの旅を振り返ると、グルメにあんまり重きを置いてこなかったことをちょっとだけ後悔している自分もいます。節約していたからあまり食べなかったのもあるし、食べすぎてその後の運転に支障が出てしまうのもよくないのですが、バイク旅だと走るのに忙しくて、食事をし忘れることもしょっちゅうありましたから。

グルメではなくても、食文化の違いを知ることができるのが旅の醍醐味。新しい味に出合えるのも楽しいですし、故郷の味の素晴らしさを再確認することもできます。

KOTSUBU
SOLO RESET JOURNEY
019

旅人が知っておくとよい宿選びのポイント

旅をする上では宿選びも重要な要素です。以前は、許可も取らずにこっそりライダーハウスをやっています、というところもすごく多かったのですが、現在は消防法などが厳しく、営業許可を得ていない宿はつぶれてしまい、明らかにヤバそうなところは残っていません。めったなことがない限り大丈夫ではないかと思いますが、宿選びのポイントとして、まずは情報に写真がない宿は避けることをオススメします。記載されている**条件や価格がどんなによさそうに思えても、写真がないところは選ばないほうが賢明**です。

学生生活最後の夏休みに初めてのひとり旅で北海道に行ったとき、初めて泊まったライダーハウスが1泊500円というところでした。「貧乏旅」という検索ワードでヒットしたライダーハウスまとめサイトで調べて、破格なのに女性専用部屋もあるということで、安さに飛びつく形でそこに決めました。

ところがいざ訪ねてみると、最初に目に入った木造の建物は男性との共同部屋で、女性専用部屋だと案内されたのは、その建物の隣に設営されたブルーシート製の巨大テントでした。土の上に少しだけ高さを設け、ゴザが敷いてあるような造り。初日から心が折れそうになったのは言うまでもありません。

宿選びのポイントの2つ目は、口コミは絶対に見ること。その信憑性がどれほどのものなのかというのはあるかもしれませんが、少なくともその宿がどういう雰囲気なのか、どういった層の人が宿泊しているかといったことを大まかには把握できますから、参考にする価値はあると思います。なかには、宿泊者同士の交流がメインだったり、みんなで集まって賑やかに過ごすことをよしとしたりしている宿もあります。もしその雰囲気が自分に合わなかったら、そこで過ごす時間は最悪なものになりかねません。だからこそ、しっかり把握することが大切です。

私はGoogleのレビュー以外にX（旧Twitter）でもリサーチをして、変な投稿がないか、どんな雰囲気なのかなどを調べます。SNSのほうが思ったことをリアルタイムで書き込まれているかもしれません。また、ネガティブな書き込みだけでなく、反対にあまりにも情報が引っかからない場合も、その宿は避けています。

私自身、口コミをチェックしておいてよかったと思うことが実際にありました。

ホームページには、旅人を応援し、旅人との交流を大事にする宿という触れ込みがあり、たくさんの方に満足していただいていますといったことも書いてあったので、最初はとても面白そうな宿だなと思いました。けれど、Googleのレビューを見たときに、交流を強要されるというような書き込みがあったので、そこまでグイグイ踏み込まれるのは怖いかもしれないと思い、別の宿をとることにしました。

後日、たまたまその宿の近くを観光していたときに、ひとりの男性に話しかけられました。私が撮影をしていると「なんだか面白いことをしていますね」「ぜひここをPRしてほしい」「僕はこんなこともやっているんだ」「僕は女性にすごく優しいよ」などとグイグイ来られたので怪しんでいたら、「僕はここで宿を経営しているんだ」と教えられたのが、まさに予約するのをやめたところでした。

宿主の方も悪気があるわけではないでしょうし、別に変なことをする人ではないから宿泊業を続けていると思うのですが、**雰囲気や波長が自分に合う人もいれば、合わない人もいるのが当たり前なので、事前に情報収集しておいたほうが安心**です。

3つ目のポイントとして、自分が宿でどう過ごしたいのかによって宿泊先を選ぶのも大切だと思います。旅人の方たちとの交流を楽しみたいときもあれば、ものすごく疲れていて早く寝たいと思うときもあるもの。人疲れしたときや、1日部屋に引きこもって作業の日にしたいと思ったときは、安いビジネスホテルを選択します。

気持ちをうまく切り替えることも、旅を続けていくなかではとても大切な要素です。ひとり旅をしていても、旅先で友達ができると行動を共にする機会も増えるもの。そうすると、「こうして誰かと行動するのなら、なんでひとり旅に出たんだろう」とか、「自分のためにひとり旅に出たはずなのに、気づいたら集団生活になっていて、結局友達の意見を尊重して妥協したり、気を遣ったりしている」と、ふと我に返る瞬間があるのです。実際に息苦しさを感じ、「私は何がやりたかったんだっけ？」と、1回旅をやめてみようとする人は少なくありません。

私はほどよい距離感を保つために、**誰かと一緒にいることのほうがイレギュラー**なのだという気持ちを常にもっていました。そして、旅先での出会いはウェルカムだけど、私はひとり旅をしていて基本はソロがいいということを、日頃から正直に話すようにしていました。旅に出た理由を再確認することも、旅が長続きする秘訣です。

KOTSUBU
SOLO RESET JOURNEY
020

アリ1匹に怯えていた私が、虫に慣れ、キャンプ泊を楽しめるようになるまで

私が生活拠点としてきたのは鹿児島と福岡で、大した都会ではないとはいえ、一応その中心市街地のそばでしか暮らしたことがなく、旅に出るまでは田舎での生活を体験したことがありませんでした。虫も超がつくほど苦手で、**アリが1匹いるだけでも「うわぁぁぁぁぁ！」と我を失う始末。**旅に出た当初は蚊取り線香の使い方もわからず、野外でキャンプだなんて考えられないというタイプでした。

そんな虫嫌いの私ですが、ひとり旅を始めた早々に洗礼を受けることになります。

それは、学生生活最後の夏休みに北海道へ行ったときのことです。安さに飛びついて1泊500円のライダーハウスを予約したら、女性専用部屋として案内されたのが屋外に設置されたブルーシート製の巨大テントだった……という話を、前節でもしました。簡素な造りのテントは、中にいても、もはや外のようなもの。よくよく目を凝

らすと虫があちこちで死んでいて、とにかくショックでした。

ただ、**しょっぱなからヘビーな体験をしたために、衛生観念のハードルがかなり下がったのは、結果的にはよかった**といえるのかもしれません。その後の北海道ひとり旅はすべてが快適でした。

虫にまつわる最大の事件は、日本一周旅を始めてから起こりました。節約のためにキャンプ用品一式をそろえて、それまで一度もしたことがないのに旅先でキャンプをするようになったのですが、無料のキャンプ場があるということで、さして下調べもせずに行ったのが、海沿いの崖の上にあるオーシャンビューのキャンプ場でした。そこは夕日スポットでもあったので、日没の時間に合わせて到着すると、これまでの旅で一番のきれいな夕日を見ることができたのでした。

その日は私以外に宿泊者はいなくて、ちょっと怖かったのですが、「いい夕日も見られたし、大丈夫！」と自分に言い聞かせ、夕日を見る前に張っておいたテントに戻りました。ところがテントに入ると、下のほうでカサカサーッと動く物体が……。その形状からゴキブリだと察した私は、悲鳴を上げて一目散に逃げ出しました。

テントに帰らないと寝られないけれど、ヤツがいるかもしれないと思うと足が向かず、自動販売機でお茶を買って1時間ほど葛藤。そうこうしている間にお茶を飲みすぎてしまったようでお手洗いに行ったのですが、明るいトイレの中は虫の楽園！　今まで見たことのない巨大なバッタが、個室の扉の上から私を見下ろしていました。

しかしながら、迫りくる尿意の限界は巨大バッタの恐怖を上回り、私は意を決して個室に入りました。無事にトイレを脱出した私は、その勢いでテントに戻りました。ヤツはまだいたのですが、よく見るとフナムシだということが判明。そこには、心から安堵し「なんだ〜、フナムシじゃん！」と口にする私がいました。しかも光を当ててよく見ると、その姿はエビに酷似！　少し透けた体を「キレイじゃん」と思えたのです。まあ、翌日に見たらしっかり気持ち悪かったのですが、テントを片づけるときには、姿を現すフナムシたちに「おっす！」と声をかけるまでになっていました。

それ以来、テント生活も平気でできるように。**虫に慣れるとアウトドアが一段と楽しくなりました。**自分に向かって飛んできたり、腕に止まったりする虫がいても、今なら指でピンと弾けます。人間は追い込まれると強くなれるのですね。

バイクに乗っていると、小さな虫の大群に遭遇することはしょっちゅうあります。バイクの前面やヘルメットのシールドにぶつかって弾けると、こびりついてなかなか取れません（虫取りクリーナーが必須）。季節にもよりますが、トンボも激突してくるので、なかなか怖い存在です。

また、私自身は経験がないのですが、バイクに乗っているとちょっとした隙間から虫が入ってくることもあるそうです。バイクを運転しているときに袖口のわずかな隙間から蜂が入ってきて刺されてしまい、入院したという人もいました。

運転中だとなかなか振り払うこともできないですし、かといってパニックに陥ってしまうと運転がままならない可能性も。ということで、やはり事前に対策をしておくことが大切になります。

まず、ヘルメットはシールドのあるものを選ぶとよいと思います。安全面も考慮すると、夏は暑いのですがフルフェイスが基本です。また、シールドにこびりついてしまった虫は、視界を確保するためにもこまめに取り除きます。

ウエアに関しては、夏でも長袖を着ること。虫が直接ぶつからないためにも、頭からつま先までできるだけ肌の露出がないのが理想的です。そして、ジャケットの袖口から虫が侵入しないように、袖口はしっかりと閉めて、さらにグローブを装着するとよいと思います。

KOTSUBU
SOLO RESET JOURNEY
021

唯一、意地を見せ、執念の末にたどり着いた福井県のご当地グルメ

基本的には、絶景スポットに行くことを旅の目的にしていて、あまりグルメには貪欲といえない私。お昼は観光を兼ねて外食をしますが、それも「道中でこれが食べられたらラッキーだな」くらいの心もちです。

ですが、おかわり旅のなかでたった一度、そのときだけは、あるグルメを追い求めて旅のメインの目的に設定したことがあります。それが、**福井県福井市に総本店を置く「ヨーロッパ軒」のソースカツ丼**です。

ヨーロッパ軒は、元祖ソースカツ丼の店として知られており、1924（大正13）年に福井県で営業を開始したという老舗だそうです。

実は、ヨーロッパ軒のソースカツ丼、過去に一度食べたことがありました。ラリーイベントに参加していたときに、時間に追われて急いでいるにもかかわらず、なぜかその途中で入ってしまったのです。そのときはご当地グルメとして有名っぽいし、ちょうど道中にあるからラッキーというだけの理由でヨーロッパ軒を選び、時間がないなかでめちゃくちゃ急いでかき込みました。

おいしいのにゆっくり味わえず、とにかく心残りだったことが、当時の記憶として強烈に残っていて、次は絶対にゆっくり味わおうと心に決めていました。私のなかで「あのソースカツ丼はすごくおいしかった！」という記憶が色濃くなっていき、自然と期待値も上がっていたような気がします。

そして、おかわり旅をするなかで、待ちに待ったソースカツ丼リベンジの機会が訪れたというわけです。

福井県での絶景旅もある程度終え、最後にこれを食べたらもう完璧！と思いながら、**いざお店に向かうと、まさかの定休日**でした。いつもならあきらめて次の目的地に向かうのですが、ヨーロッパ軒が目的だった私は、後に引けない状況です。

しかも、季節は冬に突入する直前で、雪が降るか降らないかくらいの時期に旅をしていたため、そろそろ日本海側から下りておかなければならない微妙なタイミングでした。実際に次の日は雪の予報が出ていて、これ以上滞在したらヤバいという状況ではあったのですが、滞在延長を決めました。

ところが調べてみると、**翌日もお休みではありませんか！** 総本店は、毎月第２週と第４週は月曜と火曜が定休日とのことでした。

こうなると余計に、ソースカツ丼を食べずに福井県を出ることはできません。天候が崩れるという予報が出ているにもかかわらず、ヨーロッパ軒の目の前にあるホテル、それも私が旅のなかで利用する格安のホテルではなく、お高めのシティホテルを３泊もとって、来るべきときに備えることにしました。

「（お店が）開くまで意地でも待ってやる」とホテルに籠城して３日。ついに念願かなって、ソースカツ丼を食べることができました！　２日間待ってようやくありついたソースカツ丼は、やっぱりとてもおいしかったです。

目標を達成して大満足の私でしたが、その後は土砂降りに見舞われた上に、雪までちらついて、バイクに乗るには地獄でしかなかったのですが、執念でありついたソースカツ丼でした。自分でも「**私って、こんなに食い意地が張ってたっけ？**」と思いましたが、1回行くと決めたら達成できないのが悔しすぎて、食べるまでは絶対に動かないという一心でした。

福井県に行く機会のある方、ぜひ食べてみてください！

旅の予定を自由に変更できて、自分の思うままに旅を満喫できるのもまた、ひとり旅の醍醐味です。

念願叶って実食できたソースカツ丼

KOTSUBU
SOLO RESET JOURNEY
022

危機一髪のピンチを助けてくれたのは谷底から現れたハンマー使いのおじいさん

「旅にトラブルはつきもの」とよくいわれますが、私にも何度かピンチがありました。

ひとつは、四国の山深い場所で立ちゴケしてしまったこと。車なんてめったに通らないような場所だったので、普段は自力で起こせないバイクを火事場の馬鹿力でなんとか起こすことはできたものの、ギアチェンジをするためのシフトペダルが内側に折れ曲がってしまい、上にも下にも動かせず発進できないという事態に陥りました。

助けを求めようにも人が通らない場所で、山の中のためスマホは圏外。最悪だと思っていたら、**そんなところから人が出てくるわけがないだろうというような、ガードレールの向こう側の谷底から、人影がヌッと現れました。だいぶ高齢のおじいさんだったのですが、手にはハンマーを持っています。**

「このタイミングを逃してはダメだ」と、声をかけて事情を説明すると、手に持ったハンマーをひと振り。先端の尖っている部分を内側に湾曲してしまったペダルにひっかけ外側に引き曲げて一発でクラッチペダルを元に戻すと、何事もなかったかのようにまた谷底に戻っていかれました。お礼を言う間もなく、そのスマートすぎる振る舞いに、この方は実は仙人ではないだろうか……と思ってしまいました。もしかしたら長い時間をそこで過ごさなければならなかったかもしれないと思うと、おじいさんは私にとって間違いなく救世主でした。

またあるときは、やはりものすごく山奥で、傾斜に足をとられてコケてしまいました。倒れたバイクに足が巻き込まれて立てなくなってしまったのですが、秘境の上に早朝のためなかなか人が通らず身動きさえ取れずにいました。10分ほど経過したときに、サイクリストの方が通りかかったのですが、スルーされてしまいました。「いよいよピンチ」と焦っていたら、今度は工事現場の作業車のような大きなハイエースが通りかかり、やっぱりスーッと通過。あきらめかけた次の瞬間、通過したハイエースがUターンして戻ってきました。金髪にタトゥーの怖そうなお兄さんたちがゾロゾロと降りてくると、「大丈夫ですか?」と3人がかりで起こしてくれたのです。**人は見た目で判断してはダメだと心底思った**出来事でした。

一度だけガス欠したこともありました。私は抜けているところがあって、ガソリンが少なくなって「そろそろ入れよう」と思っても、走っていると忘れてしまいがちです。このときも「次のガソリンスタンドで」と思いながら、何度もチャンスはあったのにスルーし続けて100キロ以上走ってしまい、その日に泊まるライダーハウスに到着したところで、ガソリンを入れていないことを思い出しました。「ガソリンスタンドに行って、また戻ってきます」と出発した2分後に、バイクは動かなくなりました。

幸いだったのは、宿主さんと連絡先を交換していたこと。宿主さんがバイク好きでガレージに工具や燃料タンクもそろえていて、電話をすると「すぐに行くよ」と助けに駆けつけてくれました。ガス欠は人に迷惑をかけることだと身に染みて感じたので、今は気をつけています。

バイク関連以外では、北海道のライダーハウスで一度、現金を盗まれてしまったことがありました。その事実に気づいたのが、ライダーハウスを出発して100キロ以上走った先で、ご当地グルメを食べようと思って財布を開けたときでした。カード類は物色した後に戻された形跡があり、現金だけがなくなっていました。

とりあえず会計を済ませなければならないのですが、現金支払いのみのお店で大ピンチ。どうしようと思っていたら、たまたま同じ宿に泊まっていて先に出発した旅人さんが何人かいて、事情を話すとご馳走してくれました。さらには、犯人を特定できないかと、まだそのライダーハウスに滞在している知り合いの旅人さんとも連携をとり、情報を共有してくれました。人の善と悪を一度に知る1日となりました。

それ以降は、当たり前のことなのですが、貴重品は常に肌身離さずに身につけるようにしています。寝るときは、枕元に置いておくだけでは不安なので寝袋の中に入れるようにし、テントには鍵をつけるようにしました。あとは、**お酒を飲む前にしまう場所を決めておき、お酒を飲んだ後は絶対に財布を取り出さない！　自分が悲しい気持ちにならないためにも、そうしたセキュリティ対策はしておくべき**です。

治安のよい日本とはいえ、ゲストハウスやライダーハウスのように、ほかの宿泊者も一緒の部屋で過ごすような場所では、油断は禁物です。私は、旅に出る以前にも不注意で財布をなくしたことが何回もあるのですが、無事に警察署に届いていたり、優しい人に拾われたりして、なんだかんだ事なきを得てきました。思えば「世の中なんとかなるな」と慢心していたところがあったと思います。でも、**世の中には悪い人もいるし、うまくいかないこともある**ということを旅で学ぶことができました。

COLUMN 3

こつぶの絶景ハンティング

花畑でエモい撮影会

絨毯のような見渡す限りの花畑でほっこり癒やされる

岡山県にある笠岡ベイファーム。道の駅に隣接したひまわり畑は、視界がパッと明るくなって格別です。夏には100万本のひまわりが、秋には3000万本のコスモスが見渡す限りあたり一面に咲いて、さながら花の絨毯のようです！　写真を撮るのが好きでしたら色鮮やかな景色を前に何時間でもいられちゃいます。そして花畑といえば、北海道の上富良野町にある日の出公園も思い出さずにはいられません。公園は高い丘の上にあって、6～8月頃は公園から大きなラベンダー畑を見渡すことができます。公園からほど近い約7kmにおよぶ通称「ラベンダーロード」をバイクで駆けると、いい香りが鼻をかすめてふわっと幸せな気分になれます。また30分弱バイクで走ったところにある隣町の美瑛エリアには、カラフルな景観が有名な四季彩の丘があります。これぞ“THE・映え”というような、心躍る写真がたくさん撮れますよ。花畑は鮮やかな景色と香りで五感に訴えてくるので満足度が高まります。

Chapter 4

何度でもリピートしたい日本の絶景

絶景って、“面白い話”と似ています。
いつでも何度目でも、どんな気分でも、
絶景は必ず心を洗ってくれます。
日本2周目の私が、北は北海道から南は沖縄の離島まで、
何度でも訪ねたい「推し絶景」を独断と偏見で選びました。
モヤモヤしたときの“こつぶの充電スポット”でもあるので、
教えたいけど教えたくない、ちょっぴり複雑な気持ちです（笑）。

KOTSUBU SOLO RESET JOURNEY 023

ライダーの裏スポット 琵琶湖畔の〝あのベンチ〟

定番ですが、滋賀県の琵琶湖一周もオススメです。**琵琶湖を一周することを「ビワイチ」**といいます。最初は、その言葉だけをよく耳にしていて、なんのことだろうと思っていたら、もともとはサイクリストが使っていた言葉だそうです。

琵琶湖周辺はサイクリストの聖地といわれていて、ロードバイクに乗っている人たち向けに整備が進んでおり、観光誘致も積極的に行われています。同じ二輪で通じるものがあるからか、近年はバイク乗りも訪れることが多く、琵琶湖を一周するのがライダーの間でも流行っています。

私もおかわり旅のときに、ビワイチをやってみようと思って行ったのですが、本当にきれいでした。もちろん湖なのですが、あまりにも大きいので、まるで海沿いを走っているような感覚に陥ります。

地方自治体の方たちは、サイクリストメインで誘致しているのですが、なぜかライダーたちの間だけで、ガイドブックにも載らないような場所が口コミで広がり、訪れる人がいます。本当に何もない場所に「あのベンチ」というものがあります。ただのベンチで特に名前がなく、みんなが「あのベンチ、あのベンチ」と言うので、そのように呼ばれています。

私が初めて聞いたのは4年前くらい前。「近所のバイク乗りはよく行くんだよ」と、ビワイチをやっているときに泊まったライダーハウスのオーナーさんに教えてもらって、私も行ってみることにしました。

最初にライダーハウスのオーナーさんに、「ビワイチなら、『あのベンチ』とかもいいよ」と教えてもらったときに、私は思わず「どのベンチですか?」と聞き返してしまいました。「ベンチの名称を教えてください」「いや、『あのベンチ』なんだけど……」「え? ○○ベンチとか、名前はないんですか?」と。コントのようなすれ違いの会話をしたことを今も覚えています。

実際に行ってみると、確かに穴場。景色がとてもきれいで、素敵なスポットです。

何もない砂利道の駐車スペースが湖畔ギリギリのところにあって、目前に琵琶湖が

バーンと広がっている場所に、1本の木が生えているのですが、その木の目前に「あのベンチ」はあります。琵琶湖×ベンチ×木という構図がきれいで、映えスポットになっています。

今はけっこう訪れている人が多くなっているので、情報がまとめられたりとかしているかもしれませんが、まわりには本当に何もありません。とにかく琵琶湖を望む景観を楽しむためのようなところです。

ここに来る人の多くは自分の愛車をもっていて、琵琶湖をバックに、愛車と一緒に写真を撮りたい人が多いイメージです。

今はわかりませんが、私が行ったときは、ほかのサイクリストさんやライダーさんがけっこう集まっているかなと思いましたが、そんな感じはありませんでした。ちらほらと人がいて、「誰か来たな」というのが感じられる程度で、適度にのんびりできそうな感じでしたね。

もしかしたら今はタイミングが悪いと、ベンチ争奪戦になったり、撮影待ちの人がたくさんいたりする……というような状況もあるのかもしれません。

琵琶湖の通称“あのベンチ”

KOTSUBU SOLO RESET JOURNEY 024

見る角度によって景色が変わる伯耆富士・大山の魅力

中国地方で圧倒的にオススメしたいのが、鳥取県の大山《だいせん》です。

YouTubeを始める前に旅をした、記録に残っていない地域をすべて巡るということで、おかわり旅を2022年の夏に始めたのですが、思っていた以上にゆっくりとした旅になってしまい、季節は冬に突入しました。

おかわり旅で、中国地方で一番楽しみにしていたのが大山でした。けれども鳥取や島根といった山陰地方は豪雪地帯で、冬はまったく走れなくなってしまいます。それでもどうしてもあきらめきれず、大山だけはスルーできないと思った私は、蒜山《ひるぜん》大山スカイラインの冬期閉鎖が解除になるまで、旅を中断することに決めました。そしてようやく大山に行けたのが、2023年の春でした。

大山は中国地方の富士山＝伯耆《ほうき》富士といわれる山で、見る角度によって形がまったく変わります。日本海側や米子方面から見ると、とてもきれいな富士山のような形に見えるのですが、反対側から見ると、長野県の北アルプスみたいに稜線がつながっていて、とても険しい山肌も見られます。麓は30〜40分ほどで1周できてしまうのですが、見る角度によって見え方がまったく違うのがすごいと思いながら、バイクで走りました。

大山の周りを大山環状道路というのが通っていて、地元のライダーさんたちは、そこをぐるぐると走るのが定番のツーリングコースだそうです。景色が変わるので、同じ山の周囲を走っていても醍醐味がありますよ。

大山では、1日目は環状道路を走って丸1日ツーリングを楽しみ、2日目は大山の頂上まで登山をしました。大山の麓にあるゲストハウスを拠点に、3日間ほど滞在して大山を堪能したのですが、このゲストハウスがとてもよかったんです。

絶景ポイントにあるというだけでも魅力的ですが、そのゲストハウスの雰囲気や、オーナーさんの人柄も本当によくて、また戻ってきたくなる場所だなと思いました。

大山の登山口まで徒歩10分の位置にあるゲストハウス寿庵《じゅあん》は、オーナーが女性の方です。40代くらいまで、ひとりで世界の山を登りながら旅をされていたそうなのですが、10年ほど前に大山の地にたどり着き、ゲストハウスを開業されました。

オーナーさんはとにかく山が大好き。宿泊客がチェックインするまでは、時間があると大山の頂上まで登り、コーヒーを入れて一息ついたら下りてきて、ゲストハウスの仕事を始めることもあるそうです。

バイクには乗られていないのですが、バイク乗りも泊まりに来ることが多いようで、今は自分が開いた宿で、とにかくいろんな旅人の話を聞いて交流するのが好きなのだそうです。だからなのか、すごく迎え入れられている雰囲気があって、こういう暮らしもいいなと感じながら、大山エリアを楽しむことができました。

大山ゲストハウス寿庵の前で

KOTSUBU
SOLO RESET JOURNEY
025

島すべてが絶景 日本最北の離島・礼文島

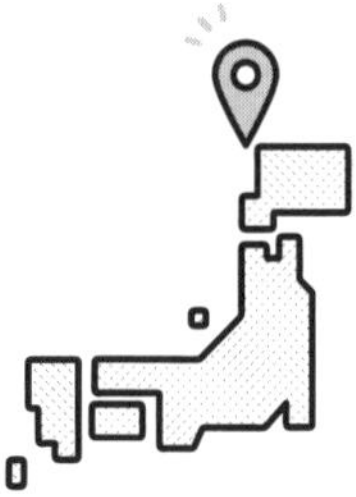

初めてひとり旅をした北海道は、私にとっては特別な場所です。そのなかでも最北の離島・礼文《れぶん》島はお気に入りの場所。おかわり旅でリピートしたほどです。礼文島は細長い島です。片側はほとんど断崖絶壁となっていて道が通っていないので、ツーリングをする際は、島の東側にある主要道路を行って戻ってくる縦断ルートが定番となります。

島すべて、どこを見ても絶景です。私は九州に住んでいるので、植生の様子が見慣れているものとはまったく異なるのも、魅力のひとつです。礼文島は島全体に高い木々がなく、森みたいな場所も、中心部のちょっとした範囲にしかなく、ほとんどが岩と丘でできています。だいたい標高１７００メートルあたりから見られるような高山植物が、標高２００～３００メートルのところに普通に咲いていて、花の礼文島と呼ばれます。そのような地形から、**島全体がトレッキング天国**。ツーリングももちろんですが、トレッキングを楽しみに来る人もたくさんいます。私もおかわり旅では、トレッキングに挑戦しました。島にはいくつものトレッキングコースがあるのですが、私が挑戦したのはそのなかでも唯一登山をする礼文岳コース。最も高い標高490メートルの礼文岳の頂上を目指す片道4・5キロの低山登山コースです。

そのほかのコースで有名なのは、**愛とロマンの8時間コース**という、礼文島最北端のスコトン岬から礼文林道までの30キロコースです。旅人同士がともに過ごすことで友情や愛情が芽生えることから、このようなネーミングがついているようです。実際には過酷で汗と根性の8時間コースになりそうですが……。トレッキング初心者で高山植物やお花畑を眺めながらハイキングを楽しみたいという方は、全長約6・4キロの桃岩展望台コースがオススメです。

礼文島のツーリングスポットをいくつかご紹介すると、まずは「**北のカナリアパーク**」。2012年11月に公開された映画『北のカナリアたち』を記念した施設で、映画のロケセットとして建てられた校舎には、ロケ時の写真や衣装などが展示されています。また、敷地内にあるカナリアカフェでは、利尻富士の絶景を楽しみながら、カフェタイムを楽しむことができます。

礼文島にはかつて、日本最北の空港である「礼文空港」がありました。1978年に開港したのですが、強い横風による欠航が多かったことから、開港から25年の2003年に唯一の定期便だった礼文－稚内便が廃止となりました。現在も供用休止中ですが、空港の建物は残っています。周囲の景観が美しいのもありますが、滑走路が絶景なのがポイント。情緒あふれる景観が心をくすぐってくれます。

絶景ポイントでは、**澄んだ海の色が特徴の「澄海岬《すかい》」**もオススメです。礼文島のなかでも最高の透明度を誇る美しい入り江が魅力です。

それから、日本最北の離島である礼文島のさらに最北限にあるのが「スコトン岬」です。最北限という言い方にも、逸話があります。昔、まだ測量技術が発達していなかったときには、最北端と名乗っていたらしいのですが、その後、実は宗谷岬のほうがちょっとだけ北にあることがわかって、最北端ではなく最北限といっているそうです。そして、そこに行くまでの峠道が、これまた絶景です。私はこの道が大好きでずっと走っていたいほどです。

澄海岬の壮大な美しさに感動

KOTSUBU
SOLO RESET JOURNEY
026

海・放牧地・牛のコントラストは最高！ただし、フンと強風には要注意

おかわり旅で、2023年の初夏に行ったのが、島根県の隠岐《おき》諸島です。3泊4日の行程で、4島すべてをCBR250RRで巡ってきたのですが、そのひとつに知夫《ちぶ》里《り》島があります。人口600人ちょっとのとても小さな島なのですが、あちらこちらで放牧されている牛や馬を間近に見ることができます。**〝幻の黒毛和牛〟といわれる隠岐牛**もそこで育てられています。

島全体に牛が放牧されているので、道のすぐそばに牛が座っていたり、道を歩いたりしていることもあるのですが、知夫里島では車やバイクよりも牛が優先。島の西側は高い木々などもない丘で、すべて開けているところにひたすら牛しかいなくて、道も絶対にすれ違うことのできないような細い道が、十数キロにわたって続いているような場所です。

道自体は舗装されているのですが、基本的に観光道路ではなくて農業用道路になります。車1台が通れるほどの道幅しかないなか、両脇が海と牧草地で、細い道には牛のフンが点々……。乾燥していればまだよいのですが、そうでないフンを誤って踏んでしまうと、スリップしてしまう可能性もあるので、ドキドキしながら走りました。

道の真ん中で、牛が〝とおせんぼ〟をしていることもあります。牛が優先なので、牛が道を空けてくれるまでは通れなくなってしまうのです。

バイクだと、割とエンジン音が大きいので、牛もビビって避けてくれるのですが、なかには図太くて、バイクが間近に迫ってもお構いなしという子もいます。ですが、車の人は道を空けてほしいと思ってクラクションを鳴らしてしまわないように注意してください。なぜなら、**放牧している人がエサの時間を知らせる合図としてクラクションを鳴らしてまわるから。クラクションを鳴らすことで、エサの時間だと勘違いした牛たちが、かえって集まってきてしまう**可能性があります。追い払う方法はないと考えたほうがよいかもしれませんね。

また、本当に小さな島で遮るものがないので風が強すぎて、台風並みの風速のなかを走らなければならないことも大変でした。バイクを少しでも止めてしまうと、横風で倒れるので、ヘタに停車もできません。牛のフンと強風の洗礼を浴びながら走るのは、ダートとはまた違った過酷さがありました。

それでも眼前に海が広がる放牧地に牛が点々としている光景は最高です。大変なこともありますが、行ってみる価値は大。ハプニングもまた、日常では味わえない旅の醍醐味だと思います。

知夫里島には大型バイクの旅人さんはあまりいなかったのですが、カブなどの小型バイクで旅をする方がいて、行きのフェリーでも一緒になりました。

島巡りは、小型バイクに乗る人の聖地といわれているところもいくつかあります。広島県と愛媛県を結ぶしまなみ海道は、瀬戸内海に浮かぶいくつもの島を橋でつないでいます。車や大型バイクは自動車専用道路を走りますが、その下に、原付や自転車、歩行者専用の道路が整備されています。

しまなみ海道のちょうど真ん中あたりに、見近《みちか》島という無人島があるのですが、そこには原付、自転車、歩行者専用の道だけがつながっていて、島にはキャンプ場があります。**車や大型バイクが入れないことから、原付の聖地**といわれていて、バイク乗りが集まります。なかには、キャンプ道具を抱えて徒歩で入ってくる旅人もいます。
ここも景色がよく、また、限られた人しか入れないという特別感もあっていいですよ。

牛のフンの洗礼を受ける図
YouTube動画『【知夫里島】人口約600人の離島にバイクでひとり上陸してみた結果...【絶景と洗礼】』より

KOTSUBU
SOLO RESET JOURNEY
027

ピーク時には山全体が赤や黄に染まる東北随一のツーリングスポット

東北地域の火山帯にある、峠道もすごくよかったです。

例えば、**福島県にある磐梯《ばんだい》吾妻《あづま》スカイライン。日本の道100選のひとつにも数えられている、東北屈指の絶景山岳地帯**です。

一部、火山ガスが出ていて木々が生えていない場所を走行する区間があります。その区間は駐停車が一切禁止されていて、「窓を開けて走らないでください」と注意されるような場所です。「バイクは大丈夫なのかな……」と思いながら走ったのですが、本当に日本じゃないみたいな光景に感動して、思わず往復してしまいました。

途中にある浄《じょう》土《ど》平《だいら》からは、吾妻連峰のひとつで、すり鉢状の大きな火口がある活火山の吾妻小富士に登ることもできます。普段着でも登ることができるので、ツーリングの機会に歩いてみるのもオススメです。

あとは、蔵王《ざおう》エコーライン。こちらは、宮城県と山形県の県境にある蔵王連峰を東西に結ぶ山岳道路です。有名なドライブスポットなので、穴場というわけではないのですが、ツーリングをしていてとても気持ちがよかったです。

山頂には蔵王の御釜《おかま》という、エメラルドグリーンの火口湖があり、とても美しいです。いずれも、秋の紅葉の時期にいくと、ものすごくいい景色が見られます。私がここの紅葉に心を奪われたのは、北海道と同じように、九州と生えている植物が違うからなのかもしれません。

九州の山は、紅葉の名所といわれているところでも、本当に一部だけ赤いモミジがあるくらいで、山全体が赤や黄色に染まっているというのはなかなか見たことがありませんでした。東北方面へ行くと、そのあたりの峠などでも、一帯が赤や黄色に色づいていて、蔵王エコーラインだけでなく、その周辺エリア一帯に感動しました。

ちなみに、蔵王エコーラインを走るときのオススメは、宮城県から山形県に向かって走ることです。山形県側から行くと、頂上付近に近づくまではあまり山が開けていなくて、峠道という感じです。それはそれで紅葉はきれいなのですが、宮城県側から行くとずっと山が開けている感じで、標高の高いところへ行くにつれて、だんだん高い木々がなくなってきて火山の感じが出てきます。どこまでも開けて見えるのが、少し怖くもあるような独特の景観です。

ダイナミックさは、宮城県側から登ったほうがあったので、どちらか一方から登るのを選ぶとしたら、私は宮城県側から登るのがお気に入りです。

私は**紅葉を目的に10月中旬に行ったのですが、頂上についてゆっくりと休憩している間に、先ほどまで快晴だった青空は一転、真っ白に。雪が降り始めてきました。**これはバイク旅をするなかでも初めての経験。山形県まで無事に走ることができるのかヒヤヒヤしましたが、出発してしばらくするとまた青空が広がってきたので、ホッと一安心したのでした。

なお、蔵王エコーラインは冬季閉鎖します。紅葉のピークは冬季閉鎖となるギリギリのタイミングだと思うので、行かれる方は気をつけてくださいね。

紅葉時期の宮城県蔵王のエコーラインで

KOTSUBU
SOLO RESET JOURNEY
028

〝幻の橋〟タウシュベツ川橋梁はたどり着くまでが超大変

北海道でなかなか行けなさそうな絶景としては、タウシュベツ川橋梁《きょうりょう》をオススメしたいです。ここは景色もすごいのですが、行くまでが本当に大変なので、たどり着いたときの達成感が大きいのは間違いありません。

タウシュベツ川橋梁は、北海道上士幌町の糠平湖にある、旧国鉄士幌線のコンクリート製アーチ橋です。糠平湖は人工の湖で、季節や水力発電によって劇的に水位が変化します。そのため、橋梁が水没してしまう時期もあれば、期間は限られますが、水位が低くなって橋梁のすぐ近くまで行ける時期もあります。訪問時期を少し変えるだけで、まったく違う見た目になるのがとても魅力的といえます。

水位が大きく変化する時期はだいたい決まっています。

夏の時期、それも6〜7月くらいは水位が低く、乾いているところを見ることができますが、それから1カ月もしないうちに、どんどん水位が高くなって水没し、冬にかけてすべて見えなくなってしまいます。

ただ、年によってはそのタイミングが前後することもあるようです。「水没するのがすごく早くて、橋梁を全然見られなかった」とか、「水位が低い時期が長かったからラッキーだった」などといった話を聞くこともあります。

私は北海道滞在中に、時期を変えて2回ほど行ったことがあります。

有名な観光スポットなので、橋梁の2キロほど手前に展望台があり、そこにはたくさんの観光客が訪れますが、**実は入構許可を取れば、橋梁までの林道を通行することができ、橋梁の目の前まで行くことができます。**ライダーさんの多くはそのタイミングを狙って集まります。

林道は6キロ、フルダートで、しかも林道に入るための門が通常は閉まっているので、門の鍵を管理している道の駅かみしほろまで申請に行かなければならず、なかなかハードルが高い景勝地です。

フルダートなので、スポーツバイクの私にしてみれば走行自体も大変なのですが、そこに至るまでの手続きの大変さのほうが大きかったです。

しかも、糠平湖とその周辺はヒグマの生息地域なので、林道を走っているときにクマのフンが落ちていて、恐怖を感じたこともありました。

林道に入る門を開けてもらうためには、直接道の駅へ行って申請し、門の鍵を受け取るだけなのですが、鍵の本数が限られているので（1日10本）、誰かが先に持ち出していると、その人が帰ってくるまで待っていなければなりませんでした。

今も、当日貸し出しの場合は先着順のようですが、ウェブであらかじめ予約をすることができるようになっているので、予約をしてから行くのがよさそうです。

夏の時期は鍵を借りに来る人が多いので、なかには林道ゲートの前で鍵を持ってくる人を待ち伏せして、「一緒に行かせてください」とついて行くような人もいましたが、ルール上は車両1台につき、鍵1本の予約が必要ということになっているので、注意してください。

数ある絶景ポイントのなかでも、通行許可が必要なのは、ここくらい。橋梁の姿を見られる期間が1年の間でごくわずかという点でも、林道の通行許可を得て、橋梁のすぐそばまで行ける人は限られているという点でもハードルが高めの場所なので、**苦労してたどり着けたときには、言葉には表せない感動が待っている**と思います。

タウシュベツ川橋梁にやっとたどり着いたとき

KOTSUBU
SOLO RESET JOURNEY
029

丘や道が隠れた名スポット ラベンダーの美しい富良野の旅は7月がオススメ

富良野というと、みなさんが思い起こすのはやっぱりラベンダー畑でしょうか。定番スポットではありますがとても素敵なところですので、行ってみる価値アリです。7月頃がラベンダーのピークの時期なので、ものすごい規模のラベンダー畑の丘を見ることができます。

最も有名なラベンダー畑といえば、「ファーム富田」。富良野にある農園で、春から秋にかけて、ラベンダーを中心とした80種類もの花々が咲き誇ります。また、**上富良野から十勝岳温泉郷に向かう遊歩道は、通称・ラベンダーロードと呼ばれ、約7キロにわたってラベンダーが植栽されているので、それも見どころ**かもしれません。

富良野や美瑛《びえい》のあたりは、実は丘巡りが楽しめる場所でもあります。丘の上に広大な畑が広がり、種類の異なる作物を広範囲にわたって育てています。それが遠目に見るとパッチワークのように見えるのです。四角い畑ごとに色が違うので「パッチワークの丘」と呼ばれています。そのほかにもいろいろな丘があり、ただひたすら丘の景色を見るだけで、1日〜2日はかかってしまいそうな感じです。

美瑛町には有名な丘や木が点在しています。例えば「マイルドセブンの木」「マイルドセブンの丘」は、1977年にタバコのマイルドセブンのパッケージやポスターに使われた場所。同じくタバコ関連では、1976年にセブンスターの観光タバコのパッケージに採用されたことから命名された「セブンスターの木」もあります。ちなみに、セブンスターの木の隣に並んだシラカバ並木は、隠れた撮影スポットになっています。シラカバを見ると、北へやって来たのだなという実感がわいてきます。

「ケンとメリーの木」も、1972年に日産スカイラインのCMに登場した美瑛の丘を象徴する風景のひとつです。この名前はCMの登場人物にちなんでいるそうです。

そして、新栄の丘展望公園。東側に十勝岳連峰と赤い屋根の家が見え、西側は夕焼けが美しい撮影スポットとして人気があります。ここからは360度、美瑛の丘を見渡すことができます。

バイク乗り目線でいうと、このあたりは道が結構うねうねしています。北海道の道というと、直線かつ平坦な道がズドーンとまっすぐ通っているイメージがあるかもしれませんが、ここは丘がたくさんあるので、まっすぐな道がうねうねしている印象があります。

長〜い上りと下りを繰り返す「ジェットコースターの路《みち》」と呼ばれているところもあって、ここは旅行者にも人気のスポットです。地元町民が選ぶ「かみふらの八景」にも認定されています。

かみふらの八景に関連したところでは、「パノラマロード江花」もそのひとつです。富良野盆地に向かってのびる直線の下り坂なのですが、ひたすらまっすぐな道を下っていくと、富良野岳の自然豊かな麓へ吸い込まれるような感覚に陥ります。

北海道の丘や道というキーワードでいくと、富良野や美瑛から場所は離れてしまうのですが、日本最北端の地である宗谷岬の記念碑の裏手にも、実は「宗谷丘陵」というきれいな丘が広がっています。そしてそのなかを、「白い道」が通っています。車がギリギリすれ違えるかどうか、というくらいの狭い道なのですが、なぜ白いのかというと、**3キロにわたって稚内の名産品であるホタテの貝殻を砕いたものが敷き詰められている**からです。

日本最北端の地にあるので、丘の向こうにはオホーツク海が一望できます。ここもまた外せない絶景ポイントです。

道巡りや丘巡りを楽しめるという点は、ちょっと日本離れしているのではないかと思います。自然豊かな北海道ならではかもしれません。

直線のアップダウンが唯一無二な「ジェットコースターの路」

KOTSUBU SOLO RESET JOURNEY 030

波打ち際をバイクで疾走 世界でも貴重な砂浜のドライブウェイ

石川県の能登半島に千里浜《ちりはま》という砂浜があります。

そこには**日本で唯一、砂浜を公式に車両で通行できる、全長8キロほどの「千里浜なぎさドライブウェイ」**があります。砂が海水を吸って硬く締まっているので、タイヤが砂にとられることがありません。路面としてはまったく問題なく波打ち際を走ることができ、とても貴重な経験ができます。

ただ、天候次第では封鎖されることもあります。特に高波の日。あるいは春から夏にかけては、砂がよく締まっているのですが、波の影響もあり、冬が近づくにつれてどんどん路面が荒れるので、走るのに少しヒヤヒヤすることもあるみたいです。バイクでも車種などによっては走る時期を考えたほうがよいかもしれません。

砂浜というと、オフロードバイクじゃないと無理だというイメージがありますが、私の乗っているCBR250RRでも走ることができました。さすがに舗装路に比べると路面はややフカフカで不安もありましたが、トラックやバスも走りに来ることがあるようです。

ここでは2013年から、**日本人ライダーとして初めてパリ・ダカールラリーに参加し、完走したオートバイ冒険家の風間深志《かざましんじ》さんが始めた、SSTR（Sunrise Sunset Touring Rally：列島縦断オートバイラリー）というオートバイによるツーリングイベントが開催**されています。また、場所柄、水平線にきれいに夕日が落ちることから、日の入りの時間に合わせてイベントが行われることもあります。例えば、夕日の時間に砂浜を走ろうというバイクの人気イベントなどもあるので、バイク乗りなら一度は行ってみるべきではないかと思います。

千里浜なぎさドライブウェイは、最近になって認知度が上がってきている場所だと思います。そもそも砂浜を走れることを知らない人のほうが案外多いかもしれません。海水浴場も兼ねているので、普通に海水浴に行く場所なのかなと思っていたら、実はガンガン車やバイクが走れる場所だった、という印象の人も多いと思います。

私は、たまたまYouTubeで動画を見つけたのがきっかけで、「こんなところがあるんだ。行ってみたいな」と思い、旅に出る前からチェックしていました。

通行料は無料で、誰でも入ることができます。誤って砂が固く締まっていないところを走ってしまうと、車がスタック（砂地にタイヤがはまり、前にも後ろにも進まなくなること）してしまうこともまれにありますが、あまりにも波打ち際ギリギリを走りさえしなければ、危険はないと思います。

砂がきちんと締まっているエリアは、砂の色が異なっているので見ればわかりますし、そこを走っていれば問題はありません。

ただ、近年は、波による浸食や地球温暖化による海面上昇が原因で、砂浜の幅が年々狭くなってきているそうです。実際、十数年前に比べると、すでに半分ほどの幅になっているといわれていて、将来的に走れなくなってしまうかもしれないという状況に立たされています。

現在、石川県や地元・羽咋《はくい》市の自治体の方々が、毎年砂を投入して砂浜の面積を保とうとするなど、砂浜の保護と再生を目指してプロジェクトを立ち上げて活動されています。私が訪れたときも、市の自治体の方々が、観光客に現状を知ってもらおうということで活動されていました。

世界的にも貴重な場所とのことですし、ぜひ残していきたい場所です。

ちなみに、千里浜なぎさドライブウェイの先にある、道の駅能登千里浜には、砂浜を走ってきた人のために、土を洗い流すタイヤの洗浄場所があります。SSTRの開催時期には、バイク用の高圧洗浄機を設置してくれていて、足場だけ洗い流すこともできるので、砂浜を走ったあとはぜひ利用してみてください。

砂浜を走行できる石川県の千里浜ドライブウェイ

KOTSUBU
SOLO RESET JOURNEY
031

アニメの聖地巡礼で長期滞在 富士山はやっぱり 日本一の山だった

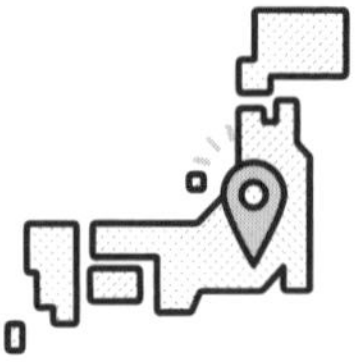

ツーリングスポットとしては定番の富士山周辺ですが、富士山を初めて見たときには胸がいっぱいになりました。九州にいると、独立峰であんなに高い山はありません。誰もが「日本一の山」だと言うのですが、実際にはどんなもんなんだ?と思っていたところ、あまりにもきれいすぎて、本当に日本一の山なんだなと、ちゃんと感動しました。

滞在中は、富士山周辺のキャンプ場に宿泊しました。というのも、実は旅に出る前に、**キャンプを始めるにあたって『ゆるキャン△』というテレビアニメを見たのですが、それにものすごく影響を受けてしまった**からです(ミーハー)。

『ゆるキャン△』は山梨県周辺が舞台で、キャンプ場でのレクリエーションや野外調理といったアウトドアの魅力を描いています。そのため、劇中では富士山周辺のキャンプ場やスポットがたくさん出てきます。そこで旅の途中に、1カ月間は富士山の周りに滞在し、このアニメの聖地をすべて巡ろうと決めていました。

ふもとっぱらキャンプ場や本栖湖《もとすこ》キャンプ場など、人気のある定番のキャンプ場もよかったのですが、富士山周辺を何往復もするなかで、**富士山の麓にある朝霧高原の全然なんでもない駐車帯が、絶好のロケーションだということを発見**しました。私が行ったのは秋だったのですが、富士山は少しだけ雪をかぶっていて、その周りは一面のススキの草原。気づくと、1時間くらい動画や写真を撮り続けていました。そのスポットの近くでキャンプ泊をしている前後は、朝イチや夕暮れの時間帯になると何度も撮影に出かけていました。

富士山は時間帯によっても、見え方や美しさがまったく違います。いろいろな表情を見ることができたこの期間は、至福のときでした。

キャンプ泊について少し記しておくと、富士山周辺を巡ってキャンプ泊をしたのは秋。夜になると冷え込んで霜が降りるため、荷物を外に出しておくとびしょびしょになってしまいます。このようなときは、リアボックスもサイドバッグもすべて外してテントの中に避難させておきます。そのためテントの大きさは大人ひとりと旅の荷物が入るくらいのスペースがあるとよいので、ふたり用を使用しています。

寝るときは、下にアウトドア用のマットレスを敷き、寝袋は真冬用のもので、上は自分が持っている手持ちのダウンなどを着込んで、下半身だけ温めるという登山者やクライマー向けのものを使用しました。ちなみにハーフレングスで、普通の方は胸の下あたりくらいまでしか長さがないのですが、私は小柄なのでジャストサイズです。ハーフレングスなのでかさばらず、収納時のサイズは春〜秋用の寝袋と同じくらいになるのでとても助かっています。枕は荷物を減らすために持参していません。着替えを枕がわりにしています。

そして**光源には、ソーラー充電式のランタンを使用しています。折りたたんで持ち運びができるのと、バイクで走っているときはリアボックスの上に載せてソーラー充電できるため愛用**しています。

富士山の圧巻の景色を眺めながらキャンプ

KOTSUBU
SOLO RESET JOURNEY
032

究極の絶景は山を登った先にある

長野県もすごく好きな場所です。長野に行ってから、私は登山を始めました。それまではまったく興味がなく、むしろギリギリまで乗り物で行こうとするタイプでした。もっといえば、目的地は歩かなくていいところを選んでいました。けれども旅の途中で、同じく日本全国を旅していて、登山道具をバイクに積んで、バイクで旅をしながら登山もしているという女の子と友達になりました。とてもアクティブな子なのですが、とにかく長野県の山が大好きで、麓でキャンプをして、翌日に山へ登るという話を聞き、彼女の撮った写真を見ているうちに、私もだんだん興味がわいてきたのです。

試しに、ギリギリまで登らなくても行けるような山に行ってみようと思って、最初に行ったのが千畳敷《せんじょうじき》カールです。ここは、駒ヶ岳ロープウェイを使って二千数百メートル地点まで行くことができます。ロープウェイを降りたところが千畳敷カールです。千畳敷カールには絶景ポイントがあるので、誰でも歩ける散策路をひと通り歩いて観光をしていたら、途中で断崖絶壁が一直線に連なっているところがあって、登山の装備をした人が、その断崖絶壁を越えた先へ行こうとしているのが見えました。それを見て、「あの上には何があるんだろう」と気になって調べたら、見たことのない絶景の写真がサイトに載っていて、これは行ってみたいと思いました。それを機に「山登りしたいんだけど、何をしたらいい？」と友達に聞いて一式そろえ、1年後くらいにリベンジしようと決めて行きました。そしたら、長野県が本当に山の絶景だらけだということに気づいて、そこから登山にハマりました。

そこからは長野県以外でも、旅のなかに登山を組み込むようになりました。日本一周を中断する前までは「登山なんて……」と思いながら旅をしていたのに、友達と出会って影響を受け、「私も山に登ってみよう」と思った後にＹｏｕＴｕｂｅを始めたので、日本一周を再開した後は、難易度の高すぎない百名山などを選んで登ったり、ツーリングスポットの選択肢に山も入るようになったりしました。

登山の魅力は、私のそもそもの旅の目的である絶景のレベルが高いこと。バイクで見られる景色、あるいはバイクで行ける標高には限界があります。その先を歩いて進むことで絶対に、バイクに乗っているだけでは見られないレベルの景色があるということに気づいたら、もう「登らなきゃ！」という気持ちになっていました。

私は登山にまったく興味がなかった頃、とにかく絶景だけを目的にしていたので、山を登らないと見られないという場所も、そこに至るまでの過程をよく調べずに目的地としていたことがあります。それが岐阜県と長野県の県境にある乗鞍岳《のりくら》の登山道の道中にあり、幻の池といわれている不消《きえず》ヶ池《がいけ》です。とにかくきれいな池があるという情報だけを入手して、マップ上にピンを立てていました。

バイクで登山口付近まで行ったときに、初めて山を登らないとたどり着けないことに気づいたのですが、ここまで来たんだから行ってみようと、今考えるとヤバすぎるのですが、**私はバイクから降りたままの服装＝Tシャツ、デニムに足元はクロックスで、バイク用のウエストポーチだけで登りました。**もちろんまわりは登山装備をきちんとされている方ばかりです。乗鞍岳は二千数百メートルの岩稜帯を登るのに、私は散策気分で登っていたのです。

不消ヶ池まで行ったら、頂上まではあと500メートルほどなので、普通は誰もが頂上を目指すものなのですが、私はあくまでも不消ヶ池が目的だったので、池を見たら満足してそのまま下山しました。このときの話を友達にしたら「まず格好がありえないし、しかも山頂まで行かずに引き返すなんて意味がわからない！」と呆れられてしまいました。

友達にレクチャーを受けるなかでそろえていった登山用具ですが、登山初心者でもそろえておきたいものとして、登山靴はマストです。

ウエアに関しては、バイクに乗るときも重ね着をして温度調節するのが基本なので、防寒具は割とそのまま使えました。ただ、汗をかいた後に冷えるスピードは、標高が高いとケタ違いです。真夏に登山したはずなのに、山頂付近で15分ほど休憩しただけで震えるほど寒くなったという経験をしたので、インナーウエアだけは登山用のものを用意しました。

登山の楽しさを知るなかで、テント泊をしながら長野のアルプスなどを縦走してみたいと思うようになり、最初の日本一周が終わった後に本格的な縦走用の装備をそろえました。そして次の年はＮ－ＶＡＮとカブを購入し、車にバイクを積んだ状態でトランポ車中泊をメインにして、３泊くらいかけて縦走もしていました。

KOTSUBU
SOLO RESET JOURNEY
033

旅人は「端」を目指したがる日本本土四極踏破証明書

旅人は「端」を目指したがる傾向にあります。そんな私も**端が大好物で、端というだけで目的地の候補に入ってきます。**

日本本土の最北端・最東端・最南端・最西端では、訪れた際に市役所や観光案内所などで手続きを行うと、「**日本本土四極踏破証明書**」を交付してもらえます。名前と日付けを入れてもらえるのですが、それを東西南北で4枚集めて並べると、裏面が「あなたは日本本土の東西南北の最果ての地をすべて踏破されました」という1枚の大きな証明書になる仕組みです。みんなこれが欲しくて、それを集めるために端を目指すことも多いと思います。私もしっかり集めました。

ちなみに、日本本土四極とは、島しょ部を除く北海道、本州、四国、九州における四極と定義されていて、最北端が北海道稚内市の宗谷岬、最東端が北海道根室市の納《の》沙布岬《さっぷ》、最南端が鹿児島県南大隅町の佐多岬、そして最西端が長崎県佐世保市の神崎《こうざき》鼻《はな》になります。

日本本土四極って結構大きなくくりだと思うのですが、これを一度やり始めると、今度は別の極地にも行きたくなるという謎の衝動に駆られます。

実は、日本本土四極は制覇したのですが、本州四端はまだすべてに行くことができていません。最北端は青森県下北郡大間町の大間崎で、ここへは行きました。大間といえばマグロということで、マグロが食べたかったのもあり、北海道から大間へフェリーで渡りました。

そして最南端が、和歌山県東牟婁郡串本町のクレ崎。本州最南端の岬である潮岬《しおのみさき》から、さらに南へ崖を下った岩礁だそうです。実は、近畿地方を旅したなかで特に私の印象に残っているのが、和歌山県です。

端好きの私は、和歌山に行ったらマストで行くべき場所として挙げていた、潮岬にある本州最南端の碑を目指しました。そこには無料のキャンプ場があり、水平線から朝日が昇るのを見られるスポットということも目的地に設定した理由のひとつでした。

余談ですが、おかわり旅で久々に行ったときには、無料キャンプ場がなくなっていました。仕方がないのでその周辺で楽しめるところを探そうと思って走っているときに出合ったのが、潮岬から串本町の市街地を海沿いに走ったところにある、「橋杭岩《はしぐい》」です。

紀伊大島に向かって大小40あまりの橋の杭に似た岩が海中に約850メートルもの区間にわたってそそり立っているのですが、これもまた圧巻でした。海水の浸食によって、岩のなかでも硬い部分だけが残されてできたものらしく、国の名勝天然記念物にも指定されているそうです。道の駅が併設されていて、目の前から眺めることができるので、ライダーさんもたくさん訪れるスポットではないかと思います。

岩がそそり立った景観はもちろんのこと、海の透明度も抜群。和歌山県南部で思いがけず海沿いの絶景に出合うことができました。

一方で、最東端の魹ヶ崎《とどがさき》（岩手県宮古市）と、最西端の毘沙ノ鼻《びしゃのはな》（山口県下関市）にはまだ行けていません。北と南には行っているので、ここは東と西も行っておかなければ、と思っています。

ちなみに、本州四端に関しても「本州四端踏破ラリー」というものがあって、**本州四端のまち**（**宮古市、下関市、串本町、大間町**）**をすべて訪れた踏破者には、本州四**

端各市町の首長直筆サイン入りの本州四端踏破証明書と、本州四端オリジナル記念品がもらえるそうです。端マニアのみなさん、いかがでしょうか?

賞状タイプの証明書は額縁に入れて飾りたい

KOTSUBU
SOLO RESET JOURNEY
034

沖縄の離島で最南端&最西端を制覇！異なる魅力をもつ島

旅人は「端」を目指したがるという話をしましたが、そのために沖縄の離島にも飛びました。もともと行くつもりはなかったのですが、それでも波照間島と与那国島だけは、記念碑で『「端」へ行ったぞ』という証しを残したかったので、頑張って行きました。

自由に到達が可能な日本最南端にあたるのが、沖縄県八重山郡の波照間島です。私がこれまでに行った「端」のなかでも特に印象に残っています。自転車だと2〜3時間ほどで1周できてしまうようなとても小さな島で、石垣島から高速フェリーで1時間です。

最南端の碑がある以外、本当に何もありません。しかも、最南端の碑も物足りないつくり。でも、だからこそ**本当に僻地に来たんだなという実感がわいてきて、立派だ**

からいいというものでもないのだと思いました。

沖縄の離島ですが、観光地っぽいわけでもありません。ラグジュアリーなリゾートホテルなどはなく、宿泊するとしたらペンションや民宿、ゲストハウスになります。そんなに開発されていない印象ですが、島自体は有名なので、訪れる人はけっこういるのではないでしょうか。

波照間島にはバイクを持っていくことができなかったので、現地でレンタルの原付を借りて島を一周しました。

オススメスポットは、海がきれいなのでやっぱりビーチでしょう。有名なのはニシ浜。トリップアドバイザーの２０１７年「日本のベストビーチトップ10」では1位に選ばれたそうです。また、遊泳はできませんが、島の西側にあるナリサ浜は、珊瑚の浜とも呼ばれる穴場ビーチです。台風のたびに枝サンゴが打ち上げられ、浜はサンゴに埋め尽くされています。そして、**ニシ浜からつながっているペー浜は、夕日がとてもきれいに見えますよ。**

そのほかには、国の史跡に指定され、竹富町指定の文化財でもあるコート盛。琉球石灰岩を積み上げた遠見台で、琉球王朝時代につくられ、海上や往来する船を監視していたといわれています。

同じく、自由に到達が可能な日本最西端に位置するのが与那国島です。フェリーも出ているのですが、私が行った時期はとても風が強く、欠航のリスクを回避するために石垣島から飛行機で向かいました。ちなみに石垣島と与那国島を結ぶフェリーよなくには、別名・ゲロ船と呼ばれているのだとか……。**波の高い外洋を進む航路のため、大半の乗客がノックアウトされてしまうほど揺れが激しい**のだそうです。時間のある方、興味のある方はぜひチャレンジしてみてください。

与那国島は波照間島とはまったく景色も雰囲気も違いました。波照間島は平野であまりアップダウンがなく、サトウキビ畑が広がっているような感じなのですが、与那国島は断崖絶壁がたくさんあって大自然が放置されているような、とてもダイナミックなイメージです。

せっかくなのできれいな海が見たいということで行ったのは、ダンヌ浜。透明度が抜群で、珊瑚礁もきれいなので、シュノーケリングをするとよいそうです。ただ、私が行ったときは荒れていたので残念でした。その後に行ったナンタ浜は波の穏やかな浜として知られているそうなのですが、やはり波は強かったです。与那国島は屈指のダイビングスポット。海は苦手なのですが、いつか潜ってみたいものです。

与那国島といえば、テレビドラマ『Dr．コトー診療所』の撮影地となったことでも有名です。撮影に使用した診療所のセットが残っていて、有料にはなりますが、内部を見学することができます。

本当にあった「ドクターコトー診療所」の前で

KOTSUBU
SOLO RESET JOURNEY
035

こつぶの地元・鹿児島のツーリングルートは今も日常的に噴火を続ける桜島一周

大学進学以降の拠点は福岡県でしたが、実は鹿児島県生まれの私。ここはやっぱり地元・鹿児島県もぜひオススメしたい場所のひとつです。

ツーリングという観点でいうと、桜島に渡ってみるとすごく面白いと思います。きっと県外の人は、少し近寄りがたいイメージをもっているかもしれませんが、毎日のように噴火しているところに行く機会はなかなかありませんからね。

桜島の場合は、噴火の状況でどこまで近づけるかが変わることはありません。そもそも上のほうには行けないようになっていますし、登るような道もないので、登山はできませんが、麓を1周することができます。なお、桜島の麓には普通に人が住んでいますし、観光もできます。

桜島ツーリングの道中には、いくつかの見どころスポットもあります。

1つ目は「湯之平《ゆのひら》展望所」。桜島は標高360メートルくらいまでは行くことができて、最も標高の高いところから桜島を眺められるのが、この展望所です。また、この展望所へ向かう峠道では、**眼前に迫る桜島を肌で感じながら走ることができます。**

2つ目は「有村溶岩展望所」です。南岳の麓にある大正溶岩原に作られた展望所で、迫力のある溶岩の数々は、これぞ桜島といえる場所です。

3つ目は「黒神《くろかみ》埋没鳥居」です。桜島はもともと陸続きではなかったのですが、1914(大正3)年の大噴火で大隈半島と陸続きになりました。そのときに、たった1日で軽石や火山灰に埋め尽くされてしまったのが黒神埋没鳥居です。今は、高さが3メートルあった鳥居の上部、約1メートルだけが地上に顔を見せています。海が埋まり、陸続きになるほどの大噴火のすさまじさが感じられる場所ではないかと思います。

桜島のマグマは8〜9割ほどたまっていて、これがピークに達すると大爆発を起こすといわれています。けれども今は、それが毎日のように噴火していて、ガス抜きをしている状態なのだそうです。とはいえ、大正の大噴火の前が、1779(安永8)年の安永大噴火ということなので、次の大噴火はいつ来てもおかしくないという状況といえるのかもしれません。

そのほか、スポットではありませんが、道中には、噴火に伴う噴出物から身を守るために、退避壕がいたるところに設置されていますので、それもチェックしてみるのも面白いと思います。

薩摩半島側にまわると、鹿児島市と桜島を15分で結ぶ桜島港フェリーターミナルがあります。24時間運航している珍しいフェリーで、楽しいのでぜひ乗ってみてください。

ただ、本当に毎日のように噴火していて、時には鹿児島市内のほうまで火山灰が飛んでくることもあるほどなので、風向きやタイミングによっては、灰をかぶってしまうかもしれません。また、桜島の麓周辺は降り注いだ火山灰で滑りやすくなっているので、ツーリングされる方は気をつけて運転してくださいね。

鹿児島の桜島は何度もリピートしています

KOTSUBU
SOLO RESET JOURNEY
036

バイク乗りの心をくすぐる forライダーのイベント&お祭り

旅の途中には、ライダーならではのイベントもあります。

私は都会に行くのが苦手なのですが、東京モーターサイクルショーがあったときに思いきって行きました。福岡では車とバイクが一緒になったモーターショーが開催されるのですが、規模が違いすぎました。これは東京に来なければ絶対に見られないものだったので、すごく新鮮でしたし、テンションも上がりました。

それでいうと、栃木県茂木《もてぎ》町で開催されるMoToGPという世界最高峰のモーターサイクルレースをどうしても1回見に行ってみたくて、旅の途中に絶対行くぞと決めて「モビリティリゾートもてぎ」まで行ったこともあります。3日間にわたって行われるのですが、サーキット場内にキャンプ場を開放してくれて、そこでテントを張って滞在しながら競技を見ることができるので、全国からライダーの方が集まってきます。私も、旅の途中で出会った仲間に声をかけたところ、5～6人集まったので、サーキット場内に旅人村みたいなのをつくって観戦した思い出があります。

それまでバイクには自分が乗るばかりで、レースを見るという経験がなかったのですが、信じられない速度で目の前を駆け抜けていくので、迫力がすごかったです。私の乗っているバイクがスポーツ系で、まさにこういったレースで走るものと同じタイプなので、CBR250RRを購入してからは、モーターサイクルレースにも興味をもつようになりました。

ただ、どちらかというとレース自体に魅力を感じてるというよりは、レースで走っているマシンがかっこよくて、それを見たいという思いが強いです。**ただでさえかっこいいマシンに乗っている外国人のイケメン選手を見ると、やっぱりファンになってしまうもの。**そうした、ミーハー心もちょっとあるのですが、なんとか選手とバイクを生で見たいというのもありました。

レースを見るだけではなく、レーシングコースを自分たちが走行できるようなイベントもあります。三重県の鈴鹿サーキットは、私が乗っているバイクの車種ミーティングが行われていて、そういうイベントに参加すると、本来ならばトップレベルのレーサーしか走れないようなコースを一般の人も体験走行できます。コースを走りたいから行こう、というのもあります。

レーシングコースだけあって、路面がしっかり整備されているので、とても走りやすいです。そこはもともと時速200キロ超えで走るようなコースなので、全然違いますよね。私も体験走行くらいしかやったことがないのですが、こんなところであんなスピードなんて、とてもじゃないけど出せないや……と思いながらいつも走っています。

変わり種でいうと、ライダーが参加しやすいお祭りというのもあります。

北海道松前町で毎年夏の時期に行われる、松前城下時代まつりです。そのなかの催し物のひとつに「バイク武者軍団パレード」というものがあります。**ライダーが武者となって鎧を身にまとい、バイクで町内を往復約50キロ走る**というものです。お姫様の格好をしてサイドカーに乗っている女性もいました。出発式ではほら貝を吹いたり、鉄砲をバーンと撃ったりして、「出陣」の合図でスタートします。

ローカルなお祭りではあるのですが、季節的に、全国から多くのライダーが北海道に旅に来ている時期ですし、青森ではねぶた祭が開催されていることから、町おこしも兼ねて、ライダーにスポットを当てるようなイベントが催されているのだろうと思います。

私は、青森のねぶた祭に参加しているときに教えてもらって見に行きました。すでに申し込みが終了していたので、私は参加できなかったのですが、みなさんとっても楽しそうでしたね。来年こそは絶対に参加しようと決めていたのですが、新型コロナの影響で中止が続いていました。再開したら、ぜひ参加したいお祭りのひとつです。

北海道松前町のバイク武者軍団パレード

COLUMN

4

こつぶの絶景ハンティング

田んぼアートに心を奪われる

のどかな田園風景が
巨大なキャンバスに

自然が大好きで都会は苦手な私ですが、人の手で丹精込めてつくられたものには、ときには自然の絶景よりも感動してしまいます。山形県米沢市で偶然見つけた「田んぼアート」はまさにそれ。米の農家さんが、広大な田んぼをキャンバスに色とりどりの稲を絵の具代わりにしてアートを描きます。毎年9月から10月頃にかけた米の収穫時期には、江戸時代の藩主など地元ゆかりの歴史上の人物から、ゆるキャラのようなポップなものまで様々な田んぼアートを見ることができます。場所によっては祭りも開催されて、田んぼアートを1番美しく見渡すことができる展望台が設置されたり、畑によっては田植えを体験できたりします。私はそれまであまりよく知りませんでしたが、米沢以外でも、日本中の米の名産地で田んぼアートが見られるそうです。田園を走っていると、自然の風景と人間の営みがほどよく溶け合う景観があったりして、大自然の魅力とは違った感動を覚えます。

Chapter

5

人間どこでも生きていける

ひとり旅の経験を積んだ私は、かけがえのない宝物を手に入れました。
“私はどこでも生きていける”という自信にほかなりません。
往路は未知のアウェイでも、
復路は思い出のたくさんつまったホームになります。
今は旅の思い出とともに、
日本中に“ただいま”って思える安息地を拡大していく感覚です。
そして、次の旅へのワクワクが止まりません。

KOTSUBU SOLO RESET JOURNEY 037

1度訪れた場所が私のホームになる

楽しい時間はあっという間に過ぎていくもの。旅の期間が短いとやっぱり「もうちょっと旅をしていたいな」と後ろ髪をひかれる経験をしたことのある人は多いのではないでしょうか。

ただ、よくよく考えてみたら、私の旅は現在進行形で続いていて、旅に行きっぱなしの状態なので、〝行き〟や〝帰り〟の定義が当てはまらないのですが、イベントやお仕事のために出かけたときは、やっぱり「行って、帰ってくる」という感覚があります。

同じようにバイクで走っていても、行きと帰りで心もちは異なります。

行きは観光者目線が強く、行った先の土地を楽しみたい気持ちが強いものです。自分がまだ知らない場所へ行くという好奇心の赴くままに、ある種の刺激を求めて行き先を決めるところがあります。人との出会いもそうですね。

一方で帰りは、自由な時間があって日数にとらわれることがなければ、まっすぐ拠点に戻るのではなく、いろいろなところにアポをとって、フラフラと寄り道をしながら帰ります。撮影のために行くような場所では、「ここの景色を撮ろう」「このくらい撮れ高があったほうがいいな」「行ったことがないから、ここのご飯も食べに行ってみよう」と、次から次へとタスクが生まれます。けれども帰路での寄り道はＹｏｕＴｕｂｅ撮影のためではなく、本当に会いたい人たちに、ただ会うために行くことに全振りできるので、とてもリラックスした気持ちになれます。

原動力というよりは安心感を求めるため、寄り道するのは自然と、「ここへ行けば間違いない」と私がすでに知っている場所が多くなります。**例えるならば、私にとっては焼き肉店で食事をしたときに、最後に出てくるデザートや口直しのガムやキャンディーのようなもの。**最後の最後は「終わりよければすべてよし」にしたいのです。

旅行から帰ってくると「やっぱり我が家が一番」だと思うのは、〝あるある〟ですが、前述した通り、基本的には帰り道のない旅を続けているので、今の私には「我が家が一番」という感覚が当てはまりません。けれども、私には**帰ってきたという気持ちになれる〝心のマイホーム〟ならあります。**立ち寄った先々に自分の居場所があると思えるのがとても幸せです。

例えば兵庫県にあるBOB CAFEは、私が日本一周中に北海道で出会い友達になった女の子が、「旅が終わったら、北海道に似た景色のなかでみんなが集まれる居場所をつくりたい」と、家族と一緒に協力してDIYでつくり上げたお店です。ここは私にとってマイホームのひとつ。目的地はまったく違うところにあっても、ルート上にあれば必ず立ち寄って1泊するのですが、立ち寄るたびに「帰ってきたぞー！」という気持ちになります。

そういう場所はほかにもいくつかあって、**今では顔を出すと「ただいま」「おかえり」と言葉をかわすようになりました。**「いらっしゃい」もいいのですが、「おかえり」と迎えてもらえるのがとてもうれしくて、少しでもチャンスがあれば行っているというようなところもあります。

旅で行った先々で人との出会いがあると、一度行った場所が私にとってホームになる。そして新しく旅へ行けば行くほど、帰るべきマイホームが増えている。そんな感覚があります。

ホームが増えたからこそ、私のなかには新たな旅の視点が生まれました。もっと現地で人とふれあいたいとか、観光地だけではなくてその地域の生活を見たいという興味がわいたのは、まさにホームといえる場所がどんどん増えてきたからにほかなりません。

最初の頃は旅へ行くと、せっかくだからあっちもこっちも行かなきゃ！と思っていましたが、今は**行った先であえて引きこもりになるのもアリ**だと思っています。ひとつの場所でゆっくりと時間を過ごす――これからはそういう楽しみ方もしてみたいと思っているところです。

KOTSUBU SOLO RESET JOURNEY 038

おかわり旅で変わった現地の人とのふれあい方

ＹｏｕＴｕｂｅを始める前で旅の記録が残っていなかった地域を巡る、おかわり旅に出たのが２０２２年７月。１５０日間にわたったおかわり旅では、１周目とは旅の目的も少し変わってきていました。

一番大きかったのは、自分の興味・関心の方向が、**その地域で、あるいは自然のなかで自分なりに工夫して暮らしている人や、生活を送っている人と巡り合ったり、話を聞いたりすることが、すごく面白いと思うようになった**ことです。今の自分がいる自然環境のなかで、どんなふうに快適に暮らすかとか、あるものをどういうふうに利用していくか、といったことを楽しんでやっている人との出会いがすごく楽しみだと思うようになってきたのです。

また、それとはちょっと違うのですが、逆に治安の悪いところや、雑多なところでも、そこはそこで暮らしている人の話が面白いなと思うようになりました。

例えば、大阪・西成。西成というと治安が悪い印象が強いかもしれませんがそれはひと昔前のイメージで、実際に行ってみたらまったく違いました。

もちろんほかのところに比べれば治安がよくないと思うのですが、今は若い人たちが西成を盛り上げようと、街をきれいにしたり、今時っぽいお店を出したりして、親しみやすい雰囲気をつくる活動をしている人が結構います。そこに意外と最新カルチャーみたいなものが生まれていたりして、最先端のことをやっているというのは発見でした。若い観光客がすごく多いことにも、びっくりしました。**簡易宿泊所が集まっているエリアに1週間ほど滞在して、3畳の部屋で過ごすという生活も個人的にはとても興味深かった**ですね。

それは田舎も一緒です。高齢化が進んでいるのだろうと思うようなところでも、若い人たちがおしゃれなカフェを営んでいることがあります。「なんでこんなところにわざわざ?」と思ってしまうのですが、その土地の魅力に気づいて移住したり、旅行に行ったりする人が、実は各地にたくさんいるのですよね。

そういう動きは離島に多く、一番印象的だったのが鹿児島県の甑島《こしき》でした。

沖縄の離島だと、リゾート地や観光地というイメージがあるので、どんなに小さな島でも若い人がいたり、おしゃれなところがあったりするのですが、1回聞いたくらいではすぐにはわからないような離島にも若い人はいます。

甑島に移住してきた方は、空き家になった古民家を使って、地域活性のために活動をしています。その様子を見ていると、地元のおじいちゃん、おばあちゃんたちと一緒になって、もともとあった島の暮らしのなかに自然に溶け込んでやっている印象を強くもちました。地域の人も使えて、それでいて外から観光に来た人にも「いいな」と思ってもらえるような、絶妙な建物の活用の仕方、お店づくりをされているのです。

最初の頃は、「どうしてこんなふうにできるんだろう?」「どこがこんなに惹かれる部分なんだろう?」みたいなところまで、深掘りして旅をしていませんでした。やっぱり観光や絶景が目的で行っていたわけですが、旅をしていくなかで徐々に、1年、2年かけて、そういうところも知りたいと思えるようになってきました。そういう観点から、最初の旅でいいなと思ったけれど、スルーしてしまった「いったい何がいいんだろう」というところを知りに行きたいというのが最近はあります。面白いことをやっている人との関わりも求めて、話を聞きたいと思うようになりました。

それまでは1日の移動距離の目安は200キロ程度で、晴れた日には移動するのが当たり前だったのですが、**最近は、いいなと思ったところに1週間くらい滞在して、そこを拠点に、あえて小回りの利くカブであちこちに出かけるという旅の仕方が増えてきました。**車にカブを乗せて旅をしていて、晴れている日やバイクで走りたいと思った日は車からカブを下ろして近場を巡ります。CBR250RRよりもゆっくりとしたスピードで走るので、これまでは立ち止まることがなかった、なんでもない風景や看板にも目が止まるようになって、新たな発見を楽しむことができています。

地域の人や、移住してきた人たちの話をよりたくさん聞いたり、関わったりしていくなかで、見える景色もまったく違うのだなと実感しています。今は、地域の方との交流が生まれたときに自分が体験できそうなチャンスがあれば、なんでもやらせてもらえるように動こうと考えています。

そう思うようになったのは、やっぱり自分が唯一やりたいと思ったことが旅で、いつかは旅のほかに「やりたい」と思えるものを見つけることが、私にとってはとても大事で新たな1歩だと思っているから。私にとって新しいカタチで旅を進めるなかで、前向きに取り組みたいと感じられる何かを見つけたいと思っています。

KOTSUBU
SOLO RESET JOURNEY
039

旅をしながら働く夢は北海道でじゃがいも収穫バイト

資金調達の手段のひとつとして、旅の途中に農家でバイトを始めるライダーさんは結構多いものです。数カ月間旅をしたら数カ月間短期バイトをするというのを繰り返しながら旅を続ける人もいれば、バイクに乗るのがつらい冬季は、比較的温暖な地方の農家でバイトをして資金を貯めながら過ごす、という人もいます。

私のまわりで多かったのが、**冬の時期になると愛媛に行って、みかんの収穫バイトをするケース**。冬の間に農家でバイトをしていた人が、暖かくなって旅を再開するときに、荷物のなかにみかんを忍ばせているので、ある時期には、お裾分けでいろいろな人からみかんをいただく機会が増えるのです。ゲストハウスやライダーハウスで一緒になると、愛媛のおいしいみかんが食べられる。これは、ちょっとした風物詩という感じかもしれません。

私は旅先や地方で短期バイトをした経験がありません。日本一周を中断して越冬したときには、沖縄でリゾバをしようと張り切っていたのですが、結局、新型コロナの影響もあって福岡に戻ることになってしまいました。今はそれがすごく心残りで、旅先で短期バイトを経験したいと思っています。

バイクは天候に左右されるし毎日の宿の心配をする必要があるので先を急いだり留まったりなかなかゆっくり自由にできません。ゆっくりしている人もいますが、私の場合は心の余裕がなくて長期滞在までは踏み切れませんでした。だから、長期間にわたってゆっくりと、ひとつの場所に滞在して、住むように旅をしたいということは常々思っていました。なぜゆっくり滞在したいのかというと、旅のなかで働くこともやってみたい、というのがあったからです。

農家のバイトは、1日や2日といったごく短期間で日雇いを募集していることもあります。経験した旅人の方たちが、すごくいい経験をしていると話すのをよく聞くので、私も次は農家でのバイトをぜひやってみたいと思っています。なかでも畑作業がやってみたいですね。そしてこれは個人的な願望ですが、できれば北海道でじゃがいもの収穫バイトがしてみたいです。

北海道ツーリングのなかで、私の一番好きな景観が富良野や美瑛の丘です。これまでは、ただ好きな景色というだけで走っていたのですが、ふと「何がこの景色をつくっているのだろう？」と気になり始めました。そしてあるとき、広大な畑のど真ん中に、巨大なトラクターを発見したのです。そのトラクターは、大きな羽を広げてスプリンクラーで水まきをしていました。何度も見てきた景色なのに、そのなかで人が働いている姿を初めて見て、「地元の農家さんの手によってつくられているんだな」と実感できました。この綺麗な景色をつくっている作業の苦労やリアル、暮らしぶりも自分自身で体験してみたいと強く思うようになりました。

地域によっては、外部の若い人を短期で受け入れています。農家さんの家で部屋を貸してもらいながら収穫の手伝いをして、空いている時間は自由に旅行や体験に行ってもらう、というところもあるようです。そういうのもいいなとすごく思いましたね。

もうひとつは、南方へ行くとヤギを飼育している人が結構多いので、ヤギを育てるという体験もちょっとしてみたいと思っています。できれば、しんどいこと、つらいことはあまり経験したくないものです。ヤギならかわいいところだけ見ていたいのは当然あるのですが、その一方で**現実を知り、経験をしておかないと、日々いろいろな**

ものに感謝できないのではないか、と思いました。

私がそう思ったきっかけは、兵庫県の山奥にある金村という村で、地域おこし協力隊で移住してきたというご夫婦と会ったことです。宿泊する予定のライダーハウスに行ったときに、そこのオーナーさんが、「近所に面白い夫婦がいるんだよ。かわいいヤギもいるから散歩がてら行ってみる?」と誘ってくれて、一緒に行きました。そのご夫婦は地域おこし協力隊として、ヤギを使って地域を盛り上げるプロジェクトをやっていきたいと話していらっしゃいました。そして、ゆくゆくはこの地に牧場をつくりたいともおっしゃっていました。やりたいことを明確に掲げ、それをかなえるためのプロセスを、順を追ってクリアしようとしているお二人だったのです。

そのお宅の庭で、ちょうど子ヤギが生まれたばかりということで、ヤギにも触らせてもらいました。ヤギは食肉にもなるし、ミルクを搾ることもでき、いろいろ役割があるのだと言われ、ただかわいいだけでなく、現実には残酷なところもあるのだと痛感しました。しかしどれも、私たち人間が生きるうえでは必要なことでもあり複雑な気持ちでした。

KOTSUBU SOLO RESET JOURNEY 040

次の舞台は海外 数々の名峰がそびえ立つ インドが最終目標

これまで一貫して日本国内の旅をメインにしてきたのは、ひとりでも自信がもてる、あるいは自分ひとりでどうにかなるところの限界値が、国内と海外ではかなり変わってくるのだろうと思っていたからです。

けれども、旅をするなかで海外に行っている旅人さんの話をいっぱい聞いて、そこもやっぱり今は考え方が変わってきました。次は海外へ行きたいと思っています。

最初は、難易度の低いところから行きたいですね。オーストラリア大陸縦断のようにわかりやすいタイトルの旅から始めていきたいという思いがあります。

そういう意味では、最初の1歩は台湾一周でしょうか。**ライダーとしては、「端」を目指したくなるのと同様に、〇〇一周ってわかりやすくて魅力的**なんです。

実際に、日本一周が終わったライダーさんやサイクリストさんで、次に台湾へ行く人はとても多いです。まずは台湾一周。そしてその次に〇〇大陸縦断とか〇〇大陸横断の旅にステップアップしていく人が多くて、やっぱり台湾は行きやすいのでしょうか。ちなみに、日本人が日本一周をするように、台湾でも台湾一周をする旅人さんがたくさんいるそうです。いずれにせよ、自分がどこまで行けるのか、というのを試せる場所としては、台湾一周はちょうどいいのかなと思っています。

台湾を意識するようになったのは、与那国島に行ったのもきっかけになっています。Ｇｏｏｇｌｅマップの現在地を示すピンのすぐそばに台湾があって、すぐそこなんだと思うと、グッと身近に感じられたのです。福岡よりも近くてビックリしました。

実際に石垣島まで行くと、結構台湾で流行っている乗り物や食べ物も多くて、文化が台湾系になっているところもありました。しかも、台湾初の電動バイクがすごく普及していて、現地でレンタルしたバイクもそうでした。島内にガソリンスタンドのような感じで、交換用の電池ステーションが点在していました。そういうのも面白いなと思って、台湾に行ってみたいという思いが強くなりましたね。

旅先で、ふとその国を身近に感じることも、旅欲がわくきっかけになります。

北海道へ行ったときは、北方領土問題に関連するものを各地で目にしましたし、現実的な部分も目にします。北方領土が近い知床や根室へ行ったときには、「**国後島《くなしり》がこんなに目の前にあるのに、行けないんだ**」と実感し、行ってみたいと思いました。

私が海外旅で最終目標に掲げているのが、インドです。

なぜなら、**インドの周辺は、とても標高の高い山がある山岳地帯だから。**登山を楽しみ始めた私にとってはとても魅力的に映ります。さすがに登山にチャレンジすることはできないかもしれませんが、旅を通して、下からでもいいので、標高の高い名峰を眺めたいな、と思っています。

インド熱が高まったのも、理由があります。私が登山をするようになったときに、山のことをいろいろと教えてくれた旅人のお友達のお友達で、かなりアクティブな子がいます。彼女が、普段は日本で仕事をしていて、1カ月の夏休みをとってインド最北部地方のラダックに行き、現地で、インドのメーカーのバイクをレンタルして、標高5000メートル地帯をバイクで走りながら、ひとりで旅をしていました。その子の投稿をリアルタイムで見ていたのですが、もう日本とはレベルのまったく違う場所をバイクで疾走しているのを見て、行きたい！と思いました。

最初は「いつか行けたらいいな」くらいに思っていましたが、そもそも〝いつか〟という曖昧な感じがイヤで私は日本一周旅を決心したはずなのに、行き先が海外になると結局「いつか」とズルズル先のばしにして、元の怠惰な自分に戻りかけていることにハッとさせられました。だから、いつかと言わず、すぐにでも行くというくらいの気持ちで、計画を立てているところです。

KOTSUBU
SOLO RESET JOURNEY
041

バイク旅は移住先探し

日本一周旅、そしておかわり旅を終えた今、海外へのチャレンジが待ち受けているのですが、国内旅においては、移住先を見つけたいという気持ちが以前からあったので、自分に一番合うところを探すという目線で、これからの旅を展開していこうと考えています。

最初は、人生最後の夏休みのつもりで始めたバイク旅でしたが、**行く先々で、もともとは私のように旅をしていたけれど、そのなかで出合った場所に惚れ込み、移り住んだという人にたくさん出会いました。**そうした方々の生の声を聞くにつれて、私も移住先を考えるというふうに気持ちが変わっていきました。やっぱり大きく自分の心を動かしたり、気持ちを変えたりするものって、実際に体験したこと、現地で得たものであるところがとても大きいものです。それをこの旅でも痛感しました。

今はまだ、もっといろいろなところを見たいという衝動が収まっていないですし、海外も行きたいので、すぐに定住地を決めるというところまでは考えていません。

鳥取・大山の麓にあるゲストハウスの女性オーナーさんも、20代から40代まではずっとそのような気持ちで旅を続けていて、「私には定住なんて絶対向いていない」と思っていたそうなのですが、人生のなかで迎えた転機によって、今の暮らしがあるということでした。そのオーナーさんは、旅をやりきったと思ったときに、今度は自分が落ち着ける場所をつくることに決めたそうです。今はゲストハウスに来てくれる人と話をするのが人生で一番楽しいから、いろいろなところを旅したいとは思わなくなった、とおっしゃっていました。

そして「**まだやりたいと思っていることがあるんだったら、とにかくやって、やりきった先でしか正解はないよ。だから、やりたいことは全部やっておいたほうがいい**」と背中を押されました。

この2~3年は、定番のところへすべて行くことで、私としては、旅行といえるものはすべて終わらせてきたつもりなので、ここから先はもう少しその地域を深く知るような目線で旅を続けたいと思っています。

私がこれまでに巡ってきたゲストハウスでは、ヘルパーさんはみなさん、旅人の方でした。午前中のベッドメイキングや掃除を手伝ったら、無料で泊まっていいですよ、という条件で働いているのです。あとはもともと旅をしていた人たちが、移住先を決めて古民家を購入し、ここを改修して宿を始めたいので、その手伝いをしてくれる人を募集するというようなこともあります。

「旅人は宿に生まれる」ということで集まってくるのですが、一緒に何かをつくりながら仲を深めていき、しかも思い入れのある建物ができるという過程を通して、仲間ができたりとか、その地が好きになって、その周辺に住みたいと思うようになったりするという話もよく聞いていたので、そういった体験もしてみたいと思っています。

移住を考慮した旅ということでいうと、**暑いところは本当に暑い時期に行かないとわからないとか、寒い地方は寒さのピークのときに行ってみないとわからないよ**、ということは旅のなかでいろいろな人から聞いたので、そこも意識しながら旅の目的地と時期を決めて、実行していかなければならないと考えています。

そこで、まずは冬の北海道に行ってみようと思って、10日ほどかけて行ってきました。冬の厳しさは体感できたのですが、やっぱりまだまだ旅行の域を出ない滞在となってしまいました。10日程度では、住んでいる感覚を得るのには限界がありましたね。

そこで思ったのが、「車があったほうがいいぞ」ということでした。車中泊の旅になれば、季節を問わずに長い目でまわれそうな感じがしています。バイクだと、冬の時期はこの先にはいけない、あきらめないといけない、ということがたくさんあったのですが、車であればある程度自由が利くので、移動する家のようなイメージで考えています。

その一方、どこかのタイミングで、実際に家で暮らしてみることもとても大事だと思っています。宿だと住んでいる感覚はあまり得られないと思うので、不動産シェアリング系のサービスなども活用して、長期滞在してみるのも面白そうです。今後は旅をするなかで「いいな」と思ったところがあれば、そういうことにもトライしてみたいです。

おわりに

「人間、どこでも生きていけるものだな」

これまでの旅を通して私が強く感じたことです。

誰しも、自分のなかに「これが当たり前」という暮らしの基準があるのではないかと思います。そのなかで、イヤなことがあったり、我慢を強いられたり、会社や学校で他者からの評価を気にしたり、人からどう見られているかが気になったりして、心にモヤモヤを抱えてしまうのです。

けれども、旅に出ることで、私のなかの「当たり前」がいい意味で打ち砕かれました。「私、こんな感じで生きていけるんだ」とハードルが下がり、ちょっとしたことではへこたれない、強さや自信が身につきました。

日常のモヤモヤをガソリンにして、旅という非日常の空間に飛

Melancholy is a driving force
Recommendations for
SOLO RESET
JOURNEY

び出していくことは、やりたいことを思いきりやるという勇気をくれるだけでなく、新しい自分を知れる絶好の機会でもあります。

今、日常にモヤモヤを抱えているみなさん、思いきって非日常に飛び出してみませんか？　人の目や、誰かの意見に惑わされることなく、自分の思うように突き進むことで、そのモヤモヤは晴れ、次への1歩が踏み出せるのだと思います。

私の旅はまだまだ道半ば。本当にやり切ったと思えたとき、それが私の旅のゴールです。

こつぶ kotsubu

YouTubeのCH登録30万人（2023年8月時点）、女性バイクYouTuberでトップクラスの人気を誇る。約１年半をかけて、愛車CBR250RRで約5万kmの日本一周を達成。全国のツーリングスポットや、日本の絶景道、キャンプ地を紹介する。
YouTube：@kotsubu

モヤモヤがガソリンになる
ひとりリセット旅《たび》のススメ

2023年9月28日　初版発行

著者／こつぶ
発行者／山下 直久
発行／株式会社KADOKAWA
〒102-8177　東京都千代田区富士見2-13-3
電話　0570-002-301（ナビダイヤル）
印刷所／凸版印刷株式会社
製本所／凸版印刷株式会社

ISBN 978-4-04-606478-3　C0095